CURANDO A ARTRITE
sem usar medicamentos

Margaret Hills

CURANDO A ARTRITE
sem usar medicamentos

Tradução
MIRTES FRANGE DE OLIVEIRA PINHEIRO

EDITORA CULTRIX
São Paulo

Título original: *Curing Arthritis — The Drug-Free Way.*

A Editora Pensamento-Cultrix Ltda. não se responsabiliza por eventuais mudanças ocorridas nos endereços convencionais ou eletrônicos citados neste livro.

Dados Internacionais de Catalogação na Publicação (CIP)
(Câmara Brasileira do Livro, SP, Brasil)

Hills, Margaret, 1925-
Curando a artrite sem usar medicamentos / Margaret Hills ; tradução Mirtes Frange de Oliveira Pinheiro. — São Paulo : Cultrix, 2005.

Título original: Curing arthritis : the drug-free way.

1. Artrite — Tratamento 2. Cura 3. Naturopatia I. Título.

05-4879 CDD-616.72206
NLM-WE 344

Índices para catálogo sistemático:

1. Artrite : Cura : Tratamento natural : Medicina 616.72206

O primeiro número à esquerda indica a edição, ou reedição, desta obra. A primeira dezena à direita indica o ano em que esta edição, ou reedição, foi publicada.

Edição	Ano
1-2-3-4-5-6-7-8-9-10-11	05-06-07-08-09-10-11

Direitos de tradução para o Brasil
adquiridos com exclusividade pela
EDITORA PENSAMENTO-CULTRIX LTDA.
Rua Dr. Mário Vicente, 368 — 04270-000 — São Paulo, SP
Fone: 6166-9000 — Fax: 6166-9008
E-mail: pensamento@cultrix.com.br
http://www.pensamento-cultrix.com.br
que se reserva a propriedade literária desta tradução.

Impresso em nossas oficinas gráficas.

Dedicatória

Dedico este livro à minha família, sem a qual eu teria desistido de lutar e teria sucumbido, mergulhada em autocomiseração, condenando-me a uma vida de dor lancinante e imobilidade. Portanto, a meu marido, Ivan, e aos nossos filhos, Michael, Christine, Graham, Sally, Clive, Peter, William e Mary, a minha eterna gratidão.

Sumário

Prefácio

Em setembro de 1946, aos 21 anos de idade, comecei meu estágio de enfermagem no St. Stephen's Hospital, em Fulham Road, Londres. Eu era uma jovem despreocupada e amante da diversão: eu adorava dançar, pedalar e nadar; e minha maior ambição era ser uma boa enfermeira.

Durante o primeiro ano tudo correu às mil maravilhas, e comecei a gostar da carreira que havia abraçado. A disciplina era bastante rigorosa e o trabalho era puxado, porém gratificante. No início de abril de 1947, comecei a me sentir indisposta. O médico diagnosticou artrite reumatóide aguda, e fui levada à enfermaria. Ali, constataram que o coração estava bastante dilatado e recebi recomendações expressas para guardar repouso absoluto, sem permissão nem mesmo para tomar banho ou me alimentar sozinha. Dia sim, dia não, um cardiologista particular ia até o hospital examinar o coração, enquanto o meu progresso era registrado diariamente pela enfermeira-chefe.

Eu sentia dores terríveis. Eu estava sendo tratada entre cobertores, e, como não conseguia suportar o peso da roupa de cama, meus membros doloridos eram protegidos por talas. Fiquei quatro meses de cama, totalmente impotente; então, aos poucos, pude sentar na cama, tomar banho e me alimentar sozinha. O único tratamento que eu recebia, fora o repouso absoluto, era aspirina. Naquela época, não existiam os remédios para artrite que são vendidos hoje em dia.

Depois de cinco meses, recebi permissão para convalescer em casa. Antes de deixar o hospital, a enfermeira-chefe foi me ver. — Você está muito doente, meu bem — disse ela —, e o coração está muito dilatado. Sinto dizer, mas nunca mais você poderá dançar nem andar de bicicleta. Você não deve subir morros nem escadas, nem voltar para terminar o seu estágio de enfermagem — o trabalho é puxado demais. Além disso, se algum dia você se casar, não deve ter filhos. Por último, mas nem por isso menos importante, esteja preparada para recaídas.

Quando cruzei os portões do hospital, pensei: "Se eu tiver de viver assim, prefiro morrer." Nesse momento, decidi que faria o que quisesse e como quisesse, e que não contaria aos meus pais sobre as recomendações médicas. Eu havia engordado, por causa do edema decorrente do coração dilatado e também por causa do período de inatividade, depois de ficar quatro meses de cama. Passei de 59 kg para 71, e aumentei um número de sapato, de 36 para 37. Mesmo assim, adotei uma postura do tipo "não estou nem aí". Eu estava determinada a aproveitar o tempo de vida que me restasse. Sempre que podia, eu dançava, andava de bicicleta e nadava, e logo perdi o excesso de peso que ganhara. Depois de três meses, fiquei bastante surpresa por estar viva.

Eu ainda queria desesperadamente ser enfermeira, e, então, escrevi à chefe de enfermagem do St. Stephen Hospital. Perguntei se podia retomar meu estágio, pois estava me sentindo muito bem. Imagine a felicidade que senti quando ela concordou — e lá fui eu de volta.

Nessa época eu estava com osteoartrite e, de tempos em tempos, sentia muita dor. Mas consegui terminar o meu estágio e, depois de passar nos exames finais, fui escalada para fazer parte da equipe de enfermagem do centro cirúrgico. Esse era o trabalho mais puxado do hospital, mas eu adorava e estava decidida a viver um dia de cada vez. Eu sentia que pelo menos havia realizado a minha primeira ambição — ser enfermeira.

Minha segunda ambição, me casar, seria realizada no ano seguinte, quando conheci meu marido. Deixei o St. Stephen Hospital, mudei para Coventry, onde meu marido trabalhava, e arranjei emprego como enfermeira ocupacional. Mas logo engravidei e saí do emprego.

Infelizmente, eu já estava com osteoartrite crônica e sentia muitas dores. Sempre tive esperanças de que, algum dia, de alguma forma, eu ficaria curada, mas a verdade é que a doença se agravava cada vez mais com o passar do tempo. Dezesseis anos e seis filhos depois, tive outra crise de artrite reumatóide, que me deixou totalmente inválida — com todas as articulações travadas.

Nessa época, os remédios para artrite tinham invadido o mercado. Consultei um famoso especialista em artrite, que prescreveu um "remédio milagroso". Entretanto, ao tomar conhecimento disso, meu médico me informou que duas mortes recentes haviam sido atribuídas a esse remédio e me aconselhou a tomá-lo apenas quando a dor estivesse muito forte. Como eu já tomava doze aspirinas por dia para aplacar a dor, tentei ficar só com elas, pois achava que eram menos perigosas e que tinham menos efeitos colaterais.

Nessa altura, eu tinha de usar colar cervical, talas nos dedos deformados, colete ortopédico e arcos nos sapatos. O médico me aconselhou a providenciar uma cadeira de rodas. Com base na minha experiência em hospitais, percebi que a medicina nada poderia fazer pela minha artrite. Com seis crianças pequenas e um marido para cuidar, sem condições financeiras de contratar alguém para me ajudar nos afazeres domésticos e totalmente aleijada e incapaz de me movimentar sem sentir dores atrozes, o futuro realmente parecia sombrio.

Sempre acreditei no ditado "Deus ajuda quem se ajuda", e, portanto, eu orava e saía para pesquisar alguma cura para a minha doença. Li todos os livros de "cura natural" que encontrei e, no final, deparei com o tratamento que me livraria de todos os sinais de artrite em apenas doze meses e que, desde então, me deixou totalmente sem dores. "A necessidade é a mãe da criatividade", e eu realmente precisava. Minha formação em enfermagem e o conhecimento do corpo humano que adquiri durante o período em que trabalhei como enfermeira ajudaram-me a elaborar — a partir de diversas idéias coletadas em minhas pesquisas — o tratamento e a dieta com os quais obtive tanto êxito pessoal ao longo dos anos e que fazem tanto sucesso na minha concorrida clínica.

Espero que os conhecimentos que transmito aos leitores de *Curando a Artrite sem Usar Medicamentos* ajudem-nos a aliviar um pouco a dor causada pela artrite, uma doença tão prevalente entre jovens quanto entre adultos em praticamente todos os lugares do mundo. Desde a sua publicação, este livro foi traduzido para diversos idiomas e está à venda em vários países. Jamais imaginei que ele traria tanto alívio a um número tão grande de pessoas. Todos os dias chegam cartas de pessoas de diversos países dizendo o quanto melhoraram com o tratamento descrito nestas páginas e me agradecendo por tê-lo escrito. Sinto-me imensamente grata quando fico sabendo que alguém que eu nunca vi, em algum lugar, sente-se melhor por algo que fiz.

Abri a Clínica Margaret Hill em 1982, e desde então ela foi de vento em popa. Atualmente, nunca temos menos de 800 pacientes. As consultas são diárias. Nem preciso dizer que a semana não tem horas suficientes para acomodar esse número de pacientes na clínica, e aproximadamente 95% são tratados por correspondência. Os resultados obtidos extrapolaram os meus sonhos mais delirantes. Esses pacientes nos escrevem ou telefonam quando têm alguma dúvida sobre o tratamento. Eles sabem que faremos tudo o que estiver ao nosso alcance para lhes dar o conselho certo e, quando necessário, entramos em contato com o seu médico. Fico feliz em poder afirmar que a relação entre a Clínica e a medicina está cada vez melhor. É gratificante ouvir o quanto um médico está satisfeito com o progresso alcançado pelo seu paciente desde que ele começou o nosso tratamento. Os pacientes também nos dizem que os médicos estão satisfeitíssimos com os resultados dos seus exames laboratoriais, como velocidade de hemossedimentação (VHS), proteína C reativa (PCR) e dosagem da hemoglobina (Hb). Alguns estão tão bem que recebem alta depois de tomarem remédios inúteis e perigosos durante anos a fio. Digo "inúteis" porque os medicamentos receitados para artrite *não curam*, e o pobre paciente acaba tendo de conviver com a artrite e com os efeitos colaterais dos medicamentos. Esses efeitos colaterais podem ser muito perigosos, mesmo os dos antiinflamatórios não-esteróides. É bastante perturbador conhecer todos os dias diversas pessoas não apenas com um ou dois efeitos colaterais potencialmente mortais, mas vários. Eis o depoimento de uma de nossas pacientes:

> Já tomei uma quantidade de remédios suficiente para manter o estoque de uma pequena farmácia por um ano; remédios para a rigidez, remédios para aliviar a dor, remédios para atacar a doença e

> remédios para combater os efeitos colaterais causados por outros remédios. Tomo comprimidos todo santo dia há mais de sete anos, já tomei inúmeras injeções doloridas nas articulações, faço exames de sangue regularmente para controlar os efeitos colaterais — *chega*!

Essa é a história típica contada pela maioria dos pacientes na primeira consulta na Clínica, e que história triste! Os medicamentos são, por si sós, tóxicos, e o paciente tem de lidar com a doença e a toxicidade do medicamento administrado para combatê-la. Ninguém leva em consideração a *causa* da doença, e os medicamentos simplesmente suprimem os sintomas — *eles não curam nada.*

Apesar das pesquisas constantes e do desenvolvimento de novos fármacos, as descobertas recentes no campo da farmacoterapia servem para enfatizar a minha crença de que nenhum medicamento é seguro nem benéfico para o paciente de artrite.

É compreensível que as pessoas tenham grande respeito pelo seu médico, tanto pelo clínico geral quanto pelo reumatologista, e relutem em questionar suas recomendações. É nesse ponto que um contato estreito conosco na clínica pode ajudar o paciente, gradualmente, a encontrar o caminho certo. Quando as pessoas nos revelam seus temores, suas ansiedades e preocupações, podemos lhes dar as orientações corretas. Esses pacientes se tornam nossos amigos, e nos confidenciam os aspectos de suas vidas que têm tanto impacto sobre a sua saúde. Esse bom relacionamento ajuda no processo de recuperação — e é exatamente o que acontece com a maioria dos pacientes.

Quando alguém vence a artrite e recupera por completo a mobilidade e a saúde, os familiares, os amigos e o médico ficam interessadíssimos. E mais pessoas nos procuram, não necessariamente para o tratamento da artrite, pois aos poucos outras doenças têm sido objeto de nossa atenção e de nossas pesquisas. É verdade que a minha vida ficou muito atribulada, mas logo depois que abri a clínica contei com a ajuda de minha filha Christine.

No final de 1998, comecei a apresentar problemas respiratórios, principalmente quando ficava preocupada ou cansada. Depois de alguns exames, o médico descobriu que o meu problema era o coração. Logo depois que minha artrite reumatóide foi diagnosticada, quando eu tinha 21 anos de idade, tive febre reumática com cardiomegalia. Embora eu tivesse me restabelecido, aos quarenta e poucos anos tive um infarto, e agora o coração decidira me pregar outra peça. Não havia nada a fazer, a não ser ficar em repouso. Portanto, eu não podia mais ficar à testa da minha Clínica em Kenilworth; eu precisava dar uma chance para o coração se recuperar mais uma vez.

Desde 1981, Christine tem trabalhado ao meu lado, conduzindo paralelamente seus estudos de Medicina Nutricional e adquirindo uma sólida compreensão do modo como eu trato os pacientes com artrite. Estou aliviada por ela estar dando continuidade ao trabalho que comecei, pois as pessoas que nos procuram com todos os tipos de artrite, reumatismo, gota, polimialgia reumática, entre outras doenças, têm uma sede imensa de conhecimentos. Ela conseguiu retomar do ponto em que parei, e tenho certeza que os pacientes artríticos se beneficiarão enormemente com seus conselhos, cuidados e atenção. A Clínica Margaret Hills nasceu das minhas experiências, e continuará sob os cuidados de Christine, que recorre aos seus próprios desafios de saúde e os de sua família para endossar e aprimorar o nosso tratamento para artrite e doenças correlatas.

Pós-escrito por Christine Horner — filha de Margaret

Desde a primeira publicação deste livro, minha mãe deu palestras em diversas localidades para multidões. Essas palestras eram divertidas e muito gratificantes. Ela publicou vários outros livros, sendo que alguns foram traduzidos para outros idiomas.

Minha mãe concedeu entrevistas a emissoras de rádio e televisão, e um documentário sobre o trabalho da nossa Clínica foi exibido no Oriente Médio. Ela se aposentou há cerca de cinco anos; seu coração dilatado fez com que ela diminuísse consideravelmente seu ritmo. Ela não tinha artrite, mas as dificuldades para caminhar e respirar obrigaram-na a abandonar o trabalho na Clínica, exceto por alguns artigos esporádicos que mandava para jornais e revistas. Ela enfrentou sua doença admiravelmente até janeiro de 2003, mas seu quadro cardíaco começou a se deteriorar cada vez mais, até que ela veio a falecer serenamente em maio desse mesmo ano.

Sua família — e todos os pacientes que tiveram a oportunidade de conhecê-la tão bem — sentiram muito a sua falta. Ao mesmo tempo, temos muito orgulho de tudo o que ela realizou em toda a sua vida. Minha mãe sempre atribuiu a Deus seus conhecimentos e os bons resultados alcançados pelo seu tratamento. Ela sempre se surpreendia com o interesse e a preocupação que as pessoas demonstravam por ela. Ela achava que Deus a tinha guiado por todos os aspectos da Clínica e do desenvolvimento do seu tratamento.

Tenho um profundo respeito por tudo o que minha mãe fez e resisto a toda e qualquer tentativa de mudar o tratamento, independentemente de pesquisas promissoras. Em geral, descubro que essas pesquisas confirmam que o tratamento apresentado neste livro oferece exatamente aquilo de que o portador de artrite precisa — mas de uma forma relativamente barata e segura, e não com o uso de substâncias caras isoladas. O tratamento que curou minha mãe devolveu a saúde e a mobilidade a milhares de pessoas, direta ou indiretamente, por intermédio das páginas deste livro. Procuro manter-me o mais atualizada possível e analisar todos os novos produtos que surgem no mercado, para avaliar se eles poderão ajudar nossos pacientes — afinal, minha mãe sempre dizia que teria tomado qualquer coisa se achasse que poderia aliviar suas dores. As pessoas que sofrem de artrite são vulneráveis a todos os novos medicamentos e produtos naturais que possam ser de alguma valia. Acrescentei um novo capítulo ao livro, com uma lista desses produtos e a sua descrição. Eu informo se esses produtos devem ou não ser acrescentados à dieta isenta de ácidos, ao tratamento para a remoção de ácidos com vinagre de maçã, bebidas com mel, melaço, sais de banho Epson, vitaminas, sais minerais e proteínas que compreendem o programa de cura holístico criado pela minha mãe.

Trabalhei ao lado de Margaret Hills desde o início da década de 80, e sei que ela queria que eu desse continuidade ao seu trabalho, garantindo conselho, orientação e apoio adequados, o que considero um privilégio. Já dei entrevista na rádio local e participei de um programa sobre artrite em que os ouvintes fazem perguntas por telefone, e foi tão concorrido que foi além do tempo previsto — felizmente era feriado, quando os horários são mais flexíveis! Farei tudo o que estiver ao meu alcance para continuar o trabalho iniciado pela minha mãe, para que um número cada vez maior de pessoas possa retomar o controle da sua saúde e ter uma vida plena novamente!

Christine Horner, ECNP, MRNT

Artrite — causa e efeitos

1

Segundo o Conselho de Pesquisas para Artrite e Reumatismo (Arthritis and Rheumatism Council for Research), a artrite é a doença mais disseminada na Grã-Bretanha. Antes de abrir a minha clínica, trabalhei durante seis anos como enfermeira ocupacional, adquirindo uma experiência inédita sobre o sofrimento imposto aos pacientes e o número real de faltas no trabalho associado a essa terrível doença. Surpreendentemente, o sofrimento não está restrito às pessoas de meia-idade e aos idosos. Muitas crianças e adolescentes sofrem de artrite, e um número cada vez maior de jovens toma cortisona e vários outros fármacos prescritos para essa doença. O termo "artrite" descreve basicamente a inflamação de uma articulação ou de articulações. As principais formas de artrite são a osteoartrite e a artrite reumatóide, e a causa subjacente de ambas é o excesso de ácido úrico no organismo.

O ácido entra no nosso organismo ao longo dos anos junto com os alimentos que ingerimos e os líquidos que bebemos. Se o organismo tiver os nutrientes necessários para queimar o ácido úrico ingerido, não há problema. Infelizmente, os alimentos que consumimos hoje em dia não contêm esses nutrientes, e o organismo fica subnutrido e repleto de ácido. Esse ácido é transportado pela corrente sangüínea, até que acaba sendo depositado entre as articulações, sobre os ossos ou nos músculos.

Quando o ácido é depositado nos músculos, dizemos que se trata de reumatismo muscular. Tanto a artrite quanto o reumatismo são doenças extremamente dolorosas. Quando não são tratadas, geralmente se agravam e condenam o paciente a um estado mórbido de existência, em que cada movimento provoca dores atrozes. Era assim que eu estava aos 36 anos de idade. Pensando bem, eu acho que não podia ser diferente. Nunca vi um caso de artrite tão grave quanto o meu, mas sei, agora, que ele foi desencadeado por anos a fio de alimentação "errada".

Lembro-me de como era difícil subir as escadas toda noite, por causa da dor insuportável. De como eu ficava atemorizada com a idéia de acordar toda manhã, manobrar o meu corpo dolorido várias vezes antes de rolar para fora da cama e engatinhar até a banheira de água quente para poder começar o dia. Compreendo perfeitamente quando os pacientes caem no choro na clínica, em completo desalento.

Quando os ácidos se depositam nas articulações, a dor provocada pelo movimento pode ser comparada a uma série de punhaladas. Algumas vezes as articulações ficam travadas e enrijecem, restando pouquíssima mobilidade, ou mobilidade alguma. Em alguns casos, as articulações rangem. Esse ruído é chamado de crepitação, o som desagradável do movimento das articulações sobre os duros depósitos de ácido.

Todas as articulações do corpo humano são recobertas por uma membrana que secreta um líquido sinovial, uma substância oleosa que permite que as articulações se movimentem livremente, umas sobre as outras. Quando se formam depósitos de ácido entre as articulações, é muito comum haver o desgaste dessa membrana sinovial, em decorrência do movimento contínuo sobre essas superfícies duras. É comum também ocorrer um desgaste das próprias articulações. E esse dano não pode ser revertido. Entretanto, com uma alimentação correta e um tratamento adequado, os depósitos de ácido podem ser dissolvidos, aliviando a dor e detendo a doença.

Depois de seis semanas de tratamento, quase todos os meus pacientes relatam uma redução considerável da dor e uma sensação geral de bem-estar que não sentiam há anos. Isso se deve, sobretudo, aos suplementos nutricionais que fazem parte do tratamento e, creio, apenas reforça o fato de que o organismo estava bastante subnutrido e repleto de ácido tóxico.

Em 1928, num congresso realizado em Bath, Sir W. Farquhar Buzzard (médico do Rei George V) teria dito que a medicina não conhecia a causa do reumatismo — uma doença que custava vinte milhões de libras por ano à Inglaterra em dias de trabalho perdido. Até o momento, não foram feitos muitos progressos. Já se conhece a causa do reumatismo e da artrite, mas não se sabe como tratar efetivamente essas doenças. Os pacientes são entupidos de medicamentos, até que o organismo subnutrido e maltratado não consegue suportar mais. Eles, então, são informados de que não existe cura e de que precisam "aprender a conviver com a doença".

Os médicos naturalistas em toda a parte reconhecem que o reumatismo é uma doença causada por uma alimentação deficiente. O mesmo se aplica à artrite, embora esta doença seja mais grave e leve mais tempo para ser corrigida. A medicina hoje em dia está seriamente sobrecarregada e com deficiência de profissionais. Os médicos não têm tempo de se concentrar em cada caso individual e, lamentavelmente, as pessoas de modo geral não estão nem um pouco dispostas a assumir a responsabilidade pela própria saúde, embora não hesitem em culpar o médico por não fornecer um remédio milagroso instantâneo para corrigir uma situação que involuntariamente infligiram a si mesmas. Os médicos se vêem diante de um grande sofrimento causado pela dor e, muitas vezes, penúria e frustração diante da incapacidade de ganhar a vida e, o que é pior, sem esperanças no futuro.

Há pouco tempo, uma jovem de 18 anos foi à minha clínica para uma consulta. Era uma moça bonita, mas suas mãos estavam deformadas e ela sentia muita dor. Ela disse que estava se preparando para os exames de ingresso na universidade, mas, quando perguntei o que pretendia cursar, mãe e filha irromperam em lágrimas. A jovem disse que queria ser química, mas, como a artrite não tinha cura, não podia seguir uma carreira nem se casar, e que, em pouco tempo, provavelmente estaria confinada a uma cadeira de rodas. Que perspectiva triste e desalentadora para uma garota.

Todos os dias os médicos deparam com esse tipo de situação, e, como não têm "instrumentos" eficazes com os quais trabalhar, devem se sentir bastante frustrados. Os médicos são bastante atenciosos — como enfermeira formada, digo isso com conhecimento de causa. Eles têm uma tremenda responsabilidade nas mãos — a saúde dos pacientes — e com bastante freqüência seus esforços não são devidamente reconhecidos. Mesmo assim, eles perseveram, atenciosos e otimistas. Se este livro, de alguma forma, ajudar a diminuir a pressão sobre os médicos e a aliviar o sofrimento dos pacientes artríticos, terá valido a pena todo o esforço empregado na sua elaboração.

Doenças relacionadas com a artrite

Dissemos que o reumatismo e a artrite são causados por depósitos de ácido úrico no organismo. Entretanto, talvez o leitor não esteja consciente de que essas doenças muitas vezes estão associadas com catarata, formação de catarro, hérnia de hiato, diverticulite, cálculos biliares, cálculos renais e diversas outras afecções que estão, direta ou indiretamente, relacionadas com uma alimentação deficiente.

Produtos como açúcar refinado, pão branco, cereais refinados e carne bovina e suína são amplamente consumidos hoje em dia, e esses alimentos deixam para trás resíduos de ácidos tóxicos no organismo. As modernas técnicas de refino e o cozimento excessivo dos alimentos destroem os sais minerais alcalinos essenciais à neutralização desses ácidos que, se não forem controlados, logo se acumulam no organismo. A primeira estrutura a sofrer o ataque desses ácidos é a mucosa, uma bainha contínua que vai desde a boca até o ânus. O primeiro acúmulo de ácido nessa área pode produzir os problemas mencionados anteriormente. No final, o ácido se deposita nas articulações, sobre os ossos e nos músculos. Temos, então, um quadro que forma a base de muitas doenças no organismo.

O organismo torna-se incapaz de funcionar normalmente, e surgem diversas dores — dores de cabeça, enxaqueca, dores articulares e musculares, cãibras e formigamentos. A artrite muitas vezes se instala na coluna vertebral, produzindo um grave desalinhamento das vértebras. Todas as áreas do corpo são controladas pelos nervos que percorrem a coluna vertebral. As vértebras fundidas por depósitos de ácido invariavelmente afetam as partes do corpo correspondentes. Vamos analisar as diversas áreas do corpo que podem ser afetadas pelos depósitos de ácido nas vértebras cervicais, lombares ou torácicas.

Vértebras cervicais

Os depósitos de ácido nas vértebras cervicais podem afetar:

A irrigação sangüínea para a cabeça
A hipófise
O couro cabeludo
Os ossos da face
O cérebro
Ouvido interno e médio
O sistema nervoso simpático

Os olhos/o nervo óptico
Os nervos auditivos
Os seios paranasais
Os ossos mastóides
A língua, os dentes, o nariz e os lábios
A boca e as tubas auditivas
As cordas vocais

As glândulas do pescoço
A faringe
Os músculos do pescoço
Os ombros
As tonsilas
A glândula tireóide
As bolsas nos ombros e cotovelos

Toda essa interferência no organismo pode originar:

dores de cabeça, nervosismo, insônia, resfriados, hipertensão arterial, enxaqueca, problemas mentais, crise nervosa, doença do sono, neuralgia crônica, cansaço, tontura, vertigem, dança de São Vito, problemas nos olhos, dores de ouvido, desmaios, neurite, acne, espinhas, eczema, rinite alérgica sazonal, catarro, surdez, afecções de garganta, abscesso peritonsilar, rigidez do pescoço, dor no braço, problemas de tireóide e certos casos de cegueira.

Vértebras torácicas

A coluna vertebral é composta por doze vértebras torácicas. O desalinhamento dessas vértebras pode causar problemas cardíacos funcionais e dores no peito. Outras estruturas que correm risco são as válvulas e a membrana que envolve o coração, as artérias coronárias, os pulmões, os tubos brônquicos, a pleura e o tórax. Os problemas nessas áreas podem acarretar bronquite, pleurisia, pneumonia, falta de ar e dores nos antebraços e nas mãos.

A vesícula biliar e o ducto colédoco podem ser afetados, causando cálculos biliares, icterícia e herpes-zoster. O fígado e o plexo solar também dependem dessa região da coluna para uma inervação sadia. As alterações nas vértebras torácicas podem causar afecções hepáticas, além de anemia, má circulação, pressão baixa e febre. O estômago também pode estar incluído nessa região, e o comprometimento deste órgão provoca indigestão, irritação estomacal, azia e dispepsia. O pâncreas, as ilhotas de Langerhans e o duodeno podem ser afetados, e uma interferência nesses órgãos pode acarretar diabetes, úlceras ou gastrite.

Outras partes do corpo que dependem do alinhamento correto das vértebras torácicas são:

Baço	Rins	Tubas uterinas
Diafragma	Uretra	Nódulos linfáticos
Glândulas supra-renais	Intestino delgado	

Uma alteração nessas áreas pode causar:

soluços, baixa resistência, alergias, urticária, problemas nos rins, endurecimento das artérias, cansaço crônico, nefrite, pielite, afecções cutâneas (como acnes, espinhas, eczema ou furúnculos) e, em certas circunstâncias, esterilidade.

Todos os quadros clínicos mencionados anteriormente podem ser, direta ou indiretamente, atribuídos à artrite nas vértebras torácicas.

Vértebras lombares

A coluna vertebral é formada por cinco vértebras lombares, e essa é a região mais afetada pelo desalinhamento provocado pela artrite.

A artrite na região lombar pode produzir:

prisão de ventre, colite, disenteria, diarréia, rupturas, hérnias, apendicite, cãibras, dificuldades respiratórias, acidose, varizes, problemas de bexiga, problemas menstruais, enurese noturna, impotência, sintomas de menopausa e muita dor no joelho.

As queixas comuns provenientes da artrite nas vértebras lombares são:

dor ciática, lombalgia, micção dolorosa ou muito freqüente e dores nas costas.

As pernas, os tornozelos e os pés também podem ser afetados pelo desalinhamento lombar, produzindo:

Má circulação nas pernas	Fraqueza nos tornozelos e arcos dos pés	Fraqueza nas pernas
Tornozelos inchados	Pés frios	

O sacro e o cóccix podem ser afetados, o primeiro provocando quadros sacroilíacos e curvatura da coluna vertebral, e o último produzindo hemorróidas, prurido e dor na extremidade da coluna na posição sentada.

Como mostra essa longa lista de queixas, a artrite da coluna vertebral pode provocar uma série de quadros dolorosos contínuos que tornam a vida insuportável para os pacientes.

Obviamente, a coluna não é o único lugar do corpo sujeito à artrite. Outros lugares comumente afetados são as mãos, os pés, os ombros e os joelhos; na verdade, todas as articulações do corpo são acometidas por essa doença. A artrite ataca a estrutura óssea do corpo, e é muito fácil compreender por quê. Dissemos que a artrite é causada pelo acúmulo de ácidos no organismo, proveniente de uma alimentação errada durante anos. Quando grandes quantidades de ácido se acumulam regularmente no organismo, eles têm de se depositar em algum lugar e, infelizmente, os ácidos têm uma grande afinidade com a estrutura óssea do corpo humano. Essa afinidade é com o óxido de cálcio orgânico, um importante componente do material ósseo.

O óxido de cálcio é uma substância alcalina. Pela atração dos opostos, os ácidos no organismo são inevitavelmente atraídos para essa substância alcalina, por "neutralização mútua". O resultado desse processo é um quadro inflamatório, que faz com que as articulações inchem e fiquem hipersensíveis e dolorosas. Invariavelmente, a articulação afetada fica rígida e travada. Ocorre, então, a deformidade, por causa da ação erosiva das impurezas ácidas sobre os ossos. A articulação torna-se incapaz de exercer suas funções normais. Vale ressaltar que os membros inferiores quase sempre são os mais afetados pela artrite crônica. Acredito que isso possa ser explicado pelo fato de esses membros suportarem o peso do corpo. Além disso, a circulação sangüínea não é tão ativa nas regiões inferiores.

A gota é um distúrbio associado freqüentemente à artrite e que já foi considerado doença de ricos — por causa da teoria de que era causada por consumo excessivo de álcool. O culpado também neste caso é o excesso de resíduo ácido na corrente sangüínea e nos tecidos, agravado, sem dúvida, por anos de alimentação deficiente. Sempre me perguntam se artrite e gota são hereditárias — bem, é claro que podem ser. Se o organismo de uma gestante estiver repleto de ácido, há uma grande possibilidade de que o bebê nasça com excesso de ácido na corrente sangüínea. Isso pode dar origem, logo no início da infância, a transtornos digestivos, tendência a resfriados e formação de catarro, problemas brônquicos e, com bastante freqüência, eczema infantil e outras afecções cutâneas.

Recentemente, fiquei alarmada com o número crescente de crianças acometidas pela artrite. A criança depende inteiramente da mãe para começar uma vida saudável. Se a mãe não souber quais os alimentos nutritivos que deve consumir para manter a própria saúde, existem pouquíssimas esperanças de que o feto em desenvolvimento tenha o início de vida saudável a que tem direito. Há um ditado que diz: "A mão que balança o berço governa o mundo" — que grande verdade! A saúde da nação depende das mães. Sem uma nação saudável, não podemos esperar que a produção da classe trabalhadora tenha a qualidade necessária para a manutenção de uma economia de primeira classe.

As pessoas geralmente não têm consciência das carências do organismo, ou dos alimentos necessários para mantê-lo saudável. Ironicamente, as mais ricas são as mais propensas a ter uma alimentação deficiente de vitaminas, muitas vezes abusando do consumo de álcool. Não é preciso ser rico para fazer uma alimentação saudável. Hortaliças e frutas frescas, por exemplo, ainda são relativamente baratas e fácil de encontrar, assim como queijo, frango e peixe, que fornecem proteína suficiente para uma dieta saudável. Mais adiante neste livro, descreverei de modo mais detalhado a alimentação necessária para uma vida sem artrite, tanto com relação à prevenção da doença quanto à cura.

Muitos pacientes me dizem que começaram a sofrer de artrite depois de uma queda, da fratura de membro, de uma entorse muscular ou uma distensão. Por esse motivo, atribuem a artrite à lesão. Entretanto, esse não é o caso, embora certamente possa parecer aos olhos de um leigo.

Quando alguma parte do corpo sofre uma lesão, ocorre uma reação alcalina no local. Como já mencionei, no organismo, os ácidos são inevitavelmente atraídos a esse local alcalino por um processo de neutralização mútua. O efeito resultante é o "desencadeamento" de um quadro reumático, produzindo dor e inchaço na área afetada. Se a articulação estiver envolvida, pode ocorrer uma descalcificação nos ossos, causando deformidade, perda de força e de movimentos. Contudo, se a pessoa não tiver níveis muito elevados de ácido úrico, esse quadro não ocorre. A capacidade natural de cura do organismo é imediatamente acionada, promovendo a saúde do membro afetado sem maiores complicações. O leitor pode deduzir, a partir da afirmação anterior, que a causa da artrite no local de uma lesão não é a lesão propriamente dita, mas, sim, do estado de intoxicação do organismo como um todo, maltratado durante anos por uma alimentação errada.

Tudo o que comemos e bebemos é de vital importância. Nunca é demais ressaltar esse ponto. Além disso, o estilo de vida pode contribuir para o acúmulo de ácido. Excesso de trabalho, quantidade insuficiente de sono reparador, medicações de todos os tipos (inclusive antibióticos, vacinas e as chamadas "drogas recreativas" ou ilícitas), problemas emocionais e amorosos, como divórcio e a dificuldade de conciliar a vida profissional e o cuidado com os filhos, são questões relativamente novas que enfrentamos nos dias de hoje. Algumas pessoas espremem tanta coisa na sua agenda diária que acabam prejudicando a saúde à medida que o *stress* se instala. A conseqüência muitas vezes é alguma forma de artrite, fibromialgia, polimialgia reumática, reumatismo — ora leves dores e desconfortos, ora dores devastadoras, traumáticas, lancinantes e extenuantes.

Sempre me perguntam se existe "remissão espontânea", ou seja, o desaparecimento da doença sem razão aparente. Sou obrigada a dizer que isso não existe. O que parece ser uma remissão natural é, na verdade, a própria capacidade de cura do organismo que supera a doença; mas, na minha opinião, nenhuma doença desaparece graciosamente sem uma grande dose de determinação ou ajuda do paciente.

Com base neste capítulo, o leitor deve ter compreendido perfeitamente por que não existe um "remédio milagroso" para a cura ou o alívio da artrite. No próximo capítulo, descreverei os fármacos vendidos atualmente, seus perigosos efeitos colaterais e sua ineficácia no tratamento e na cura da artrite.

2

Os medicamentos e seus efeitos colaterais

A artrite é sistêmica — ou seja, quando aparece numa articulação, com certeza há depósitos de ácido tóxico espalhados por todo o corpo do paciente. Talvez esses depósitos ainda não estejam inflamados, mas, mais cedo ou mais tarde, ficarão, reduzindo o paciente a um estado de imobilidade debilitante e extremamente doloroso. Como afirmei antes, não existe um remédio milagroso capaz de proporcionar um alívio duradouro para a artrite, simplesmente porque o organismo do paciente está repleto de depósitos de ácido úrico, que precisam ser eliminados para que possa haver alguma esperança de êxito a longo prazo.

Até o momento, a artrite é tratada com medicamentos, analgésicos ou cirurgia. Quando uma articulação fica inflamada, o médico geralmente prescreve um antiinflamatório que, via de regra, suprime a inflamação, detém o quadro e, assim, proporciona alívio — mas apenas temporário. Mas não demora muito para a inflamação mostrar novamente suas terríveis garras, causando mais dor do que nunca. O médico, então, prescreve um medicamento mais forte e mais potente, e começa tudo de novo, até que, invariavelmente, as articulações afetadas ficam tão sensíveis e rígidas que o menor movimento provoca uma dor muito forte. No final, o paciente fica imune aos medicamentos administrados e a única alternativa que resta ao frustrado médico é sugerir uma cirurgia para a substituição da articulação do quadril, do joelho ou outra qualquer.

O pobre paciente, então, é encaminhado ao reumatologista, que o coloca na lista de espera. Muitos dos meus pacientes ficaram na lista de espera pelo menos dois anos para serem submetidos a uma cirurgia desse tipo. Enquanto isso, são entupidos de fármacos anti-reumáticos que produzem efeitos colaterais diários e que, invariavelmente, acarretam alguma forma de "doença induzida pelo médico". Os hospitais estão cheios de pacientes que foram vítimas dos efeitos colaterais de medicamentos e antibióticos. Os medicamentos drenam os nutrientes do organismo, principalmente o ferro, e a grande maioria dos pacientes que estão tomando remédios têm anemia. Muitos têm consciência desses perigos e relutam bastante em aceitar qualquer tipo de medicamento. Infelizmente, quando a dor se torna intensa — como acontece nos casos de artrite — o paciente sente-se um fardo tão grande para si mesmo e para os outros que não tem alternativa senão se submeter a um tratamento que possa aliviar o seu sofrimento, embora muitas vezes não alivie.

Obviamente, uma nova articulação não removerá os ácidos que estão causando o problema. Mais cedo ou mais tarde, será necessário substituir outra vez a articulação do quadril ou do joelho, ou talvez ambas. E recomeça a saga, até que, no final, o resignado paciente é tomado por um estado de depressão e desesperança.

Segundo o *Baillière's Nurse's Dictionary*, a palavra "fármaco" significa "qualquer substância usada como medicamento" e, se encaramos por esse prisma, obviamente não há como negar que essas substâncias são de fato muito úteis; e que têm um lugar definitivo na medicina atual. A administração prolongada de fármacos cria uma dependência emocional ou física, e o paciente fica incapaz de passar sem eles. Isso é chamado de toxicomania, e a maioria das pessoas hoje em dia está bastante ciente do triste estado de desamparo causado por essa dependência.

Quase todos os pacientes que freqüentam a minha clínica desejam ardentemente abandonar os medicamentos, pois perceberam o quanto estão ficando dependentes e que o seu consumo prolongado está produzindo efeitos colaterais bastante indesejados.

Um dos tratamentos mais comuns para a artrite — a aspirina — foi introduzida em 1899. A aspirina é um derivado do ácido salicílico e, embora seja considerada um dos medicamentos menos tóxicos, pode ser perigosa para algumas pessoas. Cada pessoa tem uma constituição diferente, e o corpo humano é uma máquina muito complexa. "Alegria de uns, tristeza de outros", e o que é bom para uns, pode ser bastante prejudicial para outros. Por sorte, consegui tolerar as doze aspirinas por dia que eu tomava sem apresentar nenhum efeito colateral, mas, para outros, a mesma dose, ou uma dose muito menor, podia provocar vômitos, dores de cabeça ou febre. A aspirina também pode causar surdez e ruídos no ouvido, e sabe-se perfeitamente que esse medicamento pode provocar sangramento no estômago, podendo até mesmo resultar em ulceração. Esse problema, por sua vez, pode levar à anemia, em virtude da perda de sangue constante.

De fato, a aspirina pode produzir uma grave irritação em todo o trato alimentar, do estômago ao ânus.

Vários medicamentos são empregados para o tratamento primário da artrite — como Feldene, Brufen e Naprosyn, além do Indocid. Alguns pacientes dizem que, desde que começaram a tomar esses medicamentos, começaram a se sentir mal e a apresentar vários sintomas, como dores de cabeça, náusea, vômito, ruídos desagradáveis no ouvido, etc. Outros dizem que, a princípio, os medicamentos proporcionaram um grande alívio, mas que logo a dor ficou tão forte que o médico teve de prescrever medicamentos mais fortes, como sais de ouro e cortisona — entre muitos outros.

Os médicos conhecem muito bem esses efeitos colaterais dos medicamentos que prescrevem, mas pouco podem fazer. Invariavelmente, o paciente não está disposto a se ajudar. É muito mais fácil tomar remédios. Entre a lei do menor esforço e um projeto de auto-ajuda que exija um pouco de força de vontade e o planejamento de uma alimentação correta, muitas vezes vence a lei do menor esforço.

Mais vale prevenir que remediar, e eu sinto que devo ressaltar o quanto pode ser inestimável uma boa educação nutricional tanto para meninos quanto para meninas nos últimos anos escolares. Menciono os meninos porque um grande número de homens hoje em dia mora sozinho, como divorciados, viúvos ou solteirões. A maioria tem pouca noção, se é que têm alguma noção, de como cuidar do próprio corpo consumindo os alimentos corretos necessários a uma vida saudável. Afinal de contas, o corpo é o nosso segundo bem mais precioso neste mundo — o primeiro é a alma.

Um artigo recente, publicado pelo Royal College of Physicians da Inglaterra, culpou a prescrição excessiva de medicamentos, as instruções inadequadas sobre a posologia e a diversidade de medicamentos consumidos pelos pacientes, pelos milhares de idosos naquele país que sofrem de reações adversas. Esse artigo conclamava os médicos a suspenderem todas as medicações desnecessárias, caso contrário eles temiam que a "polifarmácia" — a prescrição de diversos medicamentos — continuaria desenfreada. Uma equipe de trabalho chefiada pelo ex-presidente do Royal College of Physicians, Sir Douglas Black, afirmou que as reações adversas aos medicamentos eram mais comuns em pessoas mais velhas. Segundo os membros da equipe, isso se devia à sua maior suscetibilidade aos nocivos efeitos colaterais e à maior quantidade de medicamentos que tomavam. Como os idosos são mais acometidos por artrite, e a maioria já toma um ou outro tipo de medicamento, obviamente os comentários anteriores procedem. Na minha opinião, alguns medicamentos para artrite estão entre os mais perigosos, e quando são consumidos por um longo período, podem produzir os efeitos colaterais mais indesejados.

Desdobramentos recentes

Em setembro de 1992, os jornais britânicos *Daily Telegraph* e *Daily Mail* estamparam as seguintes manchetes: "Medicação errada mata pacientes artríticos" e "Médicos são pressionados a reduzir os riscos dos medicamentos para pacientes artríticos". Os artigos revelaram que, de acordo com uma pesquisa financiada pelo governo britânico, os médicos podiam estar causando 600 mortes por ano ao prescrever medicamentos que causavam hemorragia estomacal, e não medicamentos com efeitos colaterais restritos. Os jornais comentaram que os antiinflamatórios não-esteróides (AINEs) são amplamente usados, sendo que o médico de família típico emitia, por ano, 1.000 receitas para tratamento de um mês. Embora esses antiinflamatórios tivessem sido associados durante anos a úlceras gástricas e outros problemas, essa pesquisa avaliou pela primeira vez os efeitos colaterais de cada medicamento. Alguns mostraram ter uma tendência quatro vezes maior de causar efeitos colaterais perigosos que os medicamentos mais seguros. Os artigos citaram o dr. Duncan Colin-Jones, gastrenterologista do Queen Alexandra Hospital, em Portsmouth. O dr. Colin-Jones afirmou que, dos 30.000 pacientes internados anualmente no hospital com úlceras pépticas hemorrágicas, 3.000 morriam. Ele afirmou também que entre 20 e 30 por cento dos internamentos eram motivados por antiinflamatórios não-esteróides, o que indicava que até 600 vidas podiam ser salvas se os médicos prescrevessem os medicamentos *mais seguros*.

Quanto à segurança, o medicamento que apresentou o melhor desempenho foi o Brufen (ibuprofeno). Os níveis de risco são expressos em relação: uma relação de 1:0 significa que não há aumento de risco em comparação com um indivíduo saudável; uma relação de 2:0 significa o dobro do risco. A relação dos medicamentos avaliados foi a seguinte: Brufen, 1:26; Voltarol, 2:26; Indocid, 3:76; Naprosyn, 4:12 e Feldene, 4:75. Essa é uma notícia realmente assustadora, sobretudo quando se leva em consideração que os efeitos colaterais (de intensidade e freqüência variáveis) do Brufen apresentados pelo British National Formulary (Formulário terapêutico britânico) são:

> desconforto gastrintestinal, náusea, diarréia, sangramento e ulceração esporádicos, reações de hipersensibilidade (principalmente angioedema, asma e erupções cutâneas), dores de cabeça, tontura, vertigem, transtornos auditivos — como tinido — e hematúria. Alterações sangüíneas. Pode haver retenção de líquidos. Os AINEs podem provocar insuficiência renal aguda reversível, sobretudo em pacientes com comprometimento renal preexistente. Em casos raros, necrose papilar ou fibrose intersticial associada com os AINEs pode levar a uma insuficiência renal. Existem raros relatos de meningite asséptica associada com AINEs. Pacientes com distúrbios

> do tecido conjuntivo, como lúpus eritematoso sistêmico, podem ser especialmente suscetíveis. Os AINEs devem ser administrados com cautela aos pacientes idosos, em casos de transtornos alérgicos (principalmente hipersensibilidade ao salicilato e asma) e durante a gestação. Esses antiinflamatórios não-esteróides não devem ser administrados a pacientes com úlcera péptica ativa.

Além disso, os artigos mostram que o medicamento mais seguro certamente não é *seguro*.

Em fevereiro de 1991, o *British Journal of Rheumatology* publicou o seguinte artigo:

> Tratar o "cotovelo de tenista" (epicondilite lateral do úmero) com injeções de esteróides é totalmente inútil, concluiu um estudo. Os reumatologistas do Guy's Hospital, de Londres, compararam injeções de hidrocortisona, triancinolona e lidocaína em 88 pacientes. Depois de avaliar a dor, a sensibilidade e a capacidade de preensão ao longo de 24 semanas, os médicos descobriram que as injeções de esteróides "provavelmente proporcionavam um benefício temporário e não influenciavam uma tendência para a cura". As injeções também produziam efeitos colaterais nocivos.

Nos últimos anos, outros tipos de fármacos têm sido administrados a alguns pacientes artríticos. Entre eles estão DMARDS (fármacos anti-reumáticos modificadores da doença), como metotrexato, azatioprina, hidroxicloroquina, leflunomida, sulfassalazina, infliximab e etanercept. Acrescentada a essa lista, os AINEs, os inibidores seletivos da ciclooxigenase-2 (COX-2), os corticosteróides (prednisolona), o ouro, a ciclosporina e os analgésicos. O tratamento médico ortodoxo ainda é potencialmente perigoso, e os medicamentos para artrite tendem a produzir efeitos colaterais.

Quando o paciente artrítico constata que o medicamento prescrito na verdade não está proporcionando uma melhora significativa, o médico acrescenta outro. É comum descobrir que, na esperança de deter a progressão da doença, são prescritas combinações de medicamentos. Mas nem mesmo essa combinação de medicamentos pode "controlar" a doença, e, no entanto, ainda é grande a possibilidade de ocorrerem efeitos colaterais. Os medicamentos contribuem para aumentar a carga tóxica do organismo e, conseqüentemente, a saúde geral do paciente pode deteriorar-se.

Em contraste com os artigos mencionados acima, um recente estudo publicado no periódico médico *The Lancet* mostrou que, em alguns casos, os sintomas da artrite reumatóide podiam ser substancialmente reduzidos por meio de jejum seguido por uma dieta vegetariana ajustada para cada paciente. Embora o jejum fosse considerado anteriormente um tratamento eficaz para a doença, a saúde da maioria dos pacientes deteriorava quando eles voltavam a comer.

Num estudo, 27 pacientes foram internados num spa norueguês durante quatro semanas e submetidos a uma dieta composta apenas por chá de ervas, alho, caldos de vegetais e sucos nos primeiros sete a dez dias. A cada dois dias eles recebiam uma alimentação sem carne e isenta de glúten. Em duas ocasiões, alimentos que causaram dor e rigidez articular foram retirados do cardápio.

Lacticínios, peixe, frutas cítricas, sal, açúcar refinado, condimentos fortes, chá, café e álcool foram banidos nos primeiros três meses e meio. Passado esse período, leite e seus derivados, bem como alimentos contendo glúten, foram reintroduzidos, um a um, na dieta. Os pesquisadores do National Hospital, em Oslo, relatou que, depois do primeiro mês, os pacientes apresentaram uma melhora significativa no número de articulações sensíveis e inchadas, sentiam menos dor e tinham mais força de preensão. Eles disseram também que:

> Apesar das dificuldades encontradas para suprir as necessidades nutricionais essenciais durante os primeiro quatro meses, não acreditamos que essa dieta implique algum risco à saúde. Pelo contrário, parece ser um complemento útil ao tratamento médico tradicional da artrite reumatóide.

Os pesquisadores afirmaram que a adoção de uma dieta vegetariana causou alterações importantes na ingestão de ácidos graxos, que eles acreditam que pode reduzir a atividade inflamatória na artrite.

Esse artigo é animador, pois mostra que os médicos finalmente estão investigando a alimentação e a nutrição relacionada com a artrite. Entretanto, na minha opinião, em vez de chegar à conclusão de que uma dieta vegetariana poderia representar um complemento valioso para o tratamento médico, eles deveriam pensar em substituir o tratamento médico, ou seja, os medicamentos e seus efeitos colaterais, por essa dieta.

As despesas com o tratamento médico de um paciente com artrite são bastante elevadas, abrangendo não apenas os medicamentos, mas também clínicos gerais, enfermeiras, médicos especialistas, cirurgiões, fisioterapeutas, terapeutas ocupacionais, assistentes sociais e assim por diante — além dos enormes custos indiretos relacionados com a perda da capacidade de trabalhar. De onde se deduz que todos os portadores de artrite deveriam assumir a responsabilidade por sua própria alimentação e por seu estilo de vida, se houver a menor chance que seja de que tais medidas sejam benéficas. Na verdade, as medidas apresentadas neste livro podem fazer uma diferença incrível.

No próximo capítulo, vou ensinar como se faz a remoção dos ácidos tóxicos do organismo que causam a artrite e apresentar mais razões para a adoção de um método de tratamento "natural".

O tratamento natural da artrite

3

A artrite é, pura e simplesmente, uma doença de origem alimentar. Reconhecendo isso, e providenciando o tratamento adequado, tenho obtido os mais extraordinários e gratificantes resultados. Consegui sair do péssimo estado de incapacidade e dor em que me encontrava e gozar de excelente saúde, que havia anos eu não conhecia. Consegui criar oito filhos e outro adotivo e, no final, fazer um curso de atualização em enfermagem. Apesar de ter ficado afastada da profissão durante trinta anos, descobri que eu tinha força suficiente e capacidade mental para "retomar o fio" e recomeçar a minha carreira. Depois da minha recuperação, continuei a trabalhar em tempo integral como enfermeira ocupacional, até dois anos atrás, quando decidi montar uma clínica para artrite na minha casa, em Coventry. Os resultados que obtive desde a abertura da clínica foram muito animadores, muito além das minhas expectativas.

Eu disse que a artrite é causada por excesso de ácido úrico no organismo, e que esse desequilíbrio é criado pela falta dos nutrientes necessários à neutralização dos ácidos que absorvemos com os alimentos diariamente. Hoje em dia, a qualidade dos produtos deixa muito a desejar. Muitos dos nutrientes que deveriam ser fornecidos pelos alimentos são destruídos pela adição de substâncias químicas e pesticidas. Para o fazendeiro, o mais importante é uma safra maior; mas, infelizmente, isso só pode resultar no sacrifício da qualidade, e o suprimento de frutas e vegetais cultivados por métodos orgânicos é limitadíssimo. Essa limitação faz com que tenhamos de tomar suplementos alimentares, na forma de vitaminas, sais minerais e proteínas. Isso não se aplica apenas aos portadores de artrite, mas também aos bebês, às crianças em idade escolar, às gestantes, às lactantes, aos desportistas, aos executivos e, obviamente, aos idosos. Agora que a causa da artrite ficou bem clara, vamos nos concentrar no tratamento eficaz e na eliminação dessa doença.

Creio que só existe uma forma sensata para aliviar, e possivelmente curar, a artrite:

1. O paciente deve adotar um método de tratamento que elimine os ácidos tóxicos do seu organismo.
2. O paciente deve adotar uma alimentação totalmente isenta de ácido, para evitar qualquer ingestão adicional de ácido.
3. O paciente deve repor os nutrientes necessários à "queima" de ácidos no organismo.

Nas próximas páginas, explicarei detalhadamente a estratégia que adotei depois de extensas pesquisas sobre o tratamento natural da artrite. Como a minha formação era em medicina convencional, baseada em tratamentos com fármacos, como antibióticos, foi com bastante relutância que abordei o método de "cura natural". Entretanto, eu sabia que não tinha nada a perder, e pensei que, mesmo que não me fizesse bem, mal não poderia fazer.

Antes de iniciar o tratamento, retirei as talas das mãos inchadas e doloridas e joguei fora o colar cervical que, aos poucos, travava o pescoço. Tirei o colete ortopédico e removi os arcos embutidos nos meus sapatos. Eu estava pronta para começar a trabalhar na remoção do ácido úrico, e de todos os sinais de artrite, do corpo.

Em primeiro lugar, e o mais importante de tudo, adotei uma atitude positiva. Lembre-se: a saúde tem de ser conquistada. Em seus esforços para ter boa saúde, mantenha-se alegre e otimista. Para que você possa ter alguma chance de sucesso, é fundamental que adote a atitude mental correta. Diante de uma doença de qualquer natureza, o sistema nervoso sofre traumaticamente, e os resultados diretos desse sofrimento são depressão, medo e ansiedade. Quando alguém adota uma postura de esperança, otimismo e visão de longo prazo, está preparando o caminho para o sucesso. Pense o seguinte: "A doença não tem lugar na minha vida; vou melhorar." Dessa forma, eu enfrentava cada dia com energias renovadas. Eu me imaginava vendendo saúde e vitalidade e me convencia de que a cada dia ficava um pouco mais próxima da minha meta.

Com essa postura positiva, voltei minha atenção para a remoção dos ácidos tóxicos do meu organismo. A "receita" que adotei foi a seguinte:

1. Ao levantar pela manhã, eu dissolvia uma colher de chá de mel claro num copo de água morna e adicionava uma colher de sobremesa de vinagre de maçã. Eu tomava essa mistura três vezes ao dia.

2. Eu tomava uma colher de chá de melaço escuro três vezes ao dia.
3. Eu tomava banho de imersão com sais de Epson três vezes por semana.
4. Eu tomava diariamente uma grande variedade de vitaminas, sais minerais e proteínas da melhor qualidade, para repor os nutrientes de que o meu organismo tinha sido exaurido. Além disso, esses suplementos ajudavam a queimar os ácidos que tinham invadido o corpo e causado tanto estrago. Hoje em dia, eu mesma preparo as vitaminas, os sais minerais e as proteínas especialmente para meus pacientes artríticos. Esses suplementos, que chamamos de "Fórmula Margaret Hills" e "Proteína Margaret Hills", podem ser adquiridos na Clínica.
5. Eu exercitava delicadamente minhas articulações. Todos os livros que eu tinha lido exaltavam os benefícios proporcionados pela caminhada ao ar livre. Como eu não podia andar, fazia exercícios suaves em casa, mas sempre providenciava para que o quarto estivesse bem ventilado.

Eu esperava que esse tratamento removesse os ácidos tóxicos que estavam causando meu problema. No entanto, fiquei espantada quando, depois de poucas semanas, comecei a me sentir definitivamente melhor. Eu tinha mais força, sofria menos de depressão e, com certeza, dormia melhor.

Passou-se um mês, e percebi que tinha muito mais facilidade de movimentar os dedos. É claro que eu tinha meus dias ruins, mas não estava preocupada com isso. Os livros de cura natural afirmavam que isso era normal, que se tratava de uma tentativa por parte do organismo de se "livrar" dos ácidos. De tempos em tempos, durante o tratamento, o paciente pode notar que suas articulações estão ficando inflamadas e doloridas. Isso não dura muito tempo, e quando se sabe o que virá depois, é muito mais fácil vencer as dificuldades. Eu me consolava com o pensamento de que no dia seguinte me sentiria melhor e que, aos poucos, a dor desapareceria de vez. Uma visão otimista ajuda muito mais a aliviar a dor que qualquer remédio. Eu melhorava a cada semana, e senti uma alegria imensa quando consegui andar da sala de estar até a cozinha. Eu sabia que estava melhorando. A melhora se acelerou, e eu persisti no tratamento. Ao final de doze meses, eu tinha deixado de ser uma pessoa nervosa, irritadiça e deprimida, transformado-me numa pessoa calma, alegre, ágil e sadia. Eu estava pronta, e com disposição, para retomar o meu papel de esposa e mãe, cheia de forças e com vigor renovado, e mais ansiosa do que nunca para agradar e cuidar da minha família. Eu estava tão agradecida a Deus por me dar força e coragem para explorar todos os caminhos que poderiam me ajudar!

Mantive-me bastante ocupada nos anos seguintes, e conseqüentemente fiz muitos contatos sociais. Eu nunca perdia uma oportunidade de contar a novidade para as pessoas que sofriam de artrite, e, desde então, muitas delas obtiveram resultados surpreendentes com esse método de tratamento natural. Eu descobri que sempre vale a pena explicar aos meus pacientes por que eles devem seguir as minhas recomendações. Em geral, leva apenas uma hora e meia para explicar em detalhes por que eles devem tomar vinagre de maçã, mel e melaço, e os benefícios proporcionados pelos banhos com sais de Epson. Explico também a necessidade de adotar uma alimentação isenta de ácido e digo quais os alimentos que devem ser evitados. Por último, mas nem por isso menos importante, explico o papel fundamental dos alimentos integrais no tratamento que prescrevo.

Componentes de uma cura natural

Vinagre de maçã

Este excelente produto feito de maçãs maduras combina sais minerais, matéria orgânica e ácido acético. Para ficar em forma, precisamos de uma quantidade suficiente de sono e exercícios e, é claro, de uma alimentação balanceada. Eu uso vinagre de maçã há vinte e dois anos, e acredito que ele me manteve livre da artrite. Acho que isso se deve, em grande parte, ao fato de o vinagre de maçã regular o metabolismo do organismo por intermédio dos sais minerais da sua composição.

Os duros depósitos de ácido associados à artrite são bastante semelhantes à casca de um ovo. O vinagre de maçã é capaz de dissolver esses depósitos ácidos, para que possam ser eliminados naturalmente pelos rins. O leitor pode fazer uma experiência para verificar como isso funciona. Coloque um ovo com casca numa jarra ou copo. Cubra o ovo com vinagre de maçã "puro" e, num prazo de dois dias, a casca terá se dissolvido completamente, deixando o ovo intacto. Da mesma forma, quando o vinagre de maçã satura a corrente sangüínea, ele se deposita entre as articulações, dissolvendo os depósitos ácidos e eliminando-os. O vinagre de maçã contém ácido málico. Esse ácido não deve ser confundido com os ácidos úricos nocivos que se acumulam entre as articulações, sobre os ossos ou nos músculos, causando artrite.

É preciso lembrar que, quanto mais antiga for a artrite, mais tempo levará para que os resultados possam ser percebidos. Sofri de artrite durante dezesseis anos, e, depois de um mês do tratamento, pude sentir apenas uma leve melhora. Teria sido muito fácil desistir, mas eu sabia que se esse tratamento não desse resultado haveria pouquíssimas esperanças de cura para mim. Por isso fui perseverante, e depois de doze meses eu não tinha mais nenhum sinal de artrite.

As pessoas que têm artrite costumam ser gordas, por causa da inatividade a que são obrigadas. Suas articulações doem tanto quando elas se movimentam que sua reação natural é ficar imóvel para reduzir ao máximo a dor. Além disso, elas costumam comer alimentos semiprontos, cuja preparação exige pouco esforço. Assim, sobrevivem com uma dieta altamente calórica, o que apenas agrava o problema de peso e faz com que fiquem cada vez mais sedentárias. O vinagre de maçã é um diurético natural e, portanto, até certo ponto atua como um redutor de peso. Quase todos os meus pacientes retornam depois de seis semanas absolutamente encantados por terem conseguido emagrecer sem nenhum esforço. Conseqüentemente, sentem-se melhores consigo mesmos, o que lhes dá novas esperanças para o futuro.

Como já afirmei, durante as primeiras semanas de tratamento os pacientes podem sentir dor em locais nos quais não sentiam antes. A dor não é mais forte que antes, mas, em vez de estar restrita às articulações afetadas, parece estar disseminada por todo o corpo. Basta refletir um pouquinho para compreender a razão disso. O sangue do paciente foi saturado com vinagre de maçã, que agiu em todos os depósitos de ácido, soltando-os e dissolvendo-os. Como esse processo inevitavelmente causa um pouco de dor, o paciente não tem culpa de pensar que o tratamento está fazendo mais mal do que bem. Infelizmente, alguns ficam tentados a desistir nesse estágio inicial, perdendo, assim, a oportunidade de se beneficiar com o tratamento quando ele tinha começado a fazer efeito. É uma pena. Quando o paciente tem essa reação, ele deve pensar: "É o tratamento que está fazendo efeito; em uma ou duas semanas a dor passará e eu me sentirei melhor."

Quando a artrite já está instalada há um tempo considerável, o movimento contínuo das articulações sobre os duros depósitos de ácido muitas vezes causa o desgaste das faces articulares. Esse processo não pode ser revertido, mas é possível deter o quadro e reduzir a dor. Esse já é um bom motivo para lutar.

"Desgaste" é um termo bastante geral usado pela medicina, assim como "desintegração das articulações" e "envelhecimento prematuro dos ossos". Eu descobri que a maioria dos pacientes que procuram a minha clínica atribui uma importância enorme a cada palavra que sai da boca do médico e, conseqüentemente, é tomada por um desânimo difícil de ser superado. "Você tem artrite e precisa aprender a conviver com essa doença." Essa é uma afirmação muito comum nos consultórios médicos. Na maior parte dos casos, quando o paciente pergunta ao médico se a sua doença tem alguma coisa a ver com a alimentação, a resposta geralmente é "não". Eu sei que os médicos estão sob pressão, mas acredito que a doença tenha tudo a ver com a alimentação e que possa ser tratada simplesmente com uma dieta isenta de ácidos. Afinal de contas, "você é aquilo que você come". Se uma planta for cultivada com os adubos errados, ela murchará e morrerá. Assim como acontece com outros seres vivos, o nosso bem-estar depende da nossa alimentação.

Muitos pacientes artríticos também têm hipertensão arterial, angina ou outro tipo de problema circulatório. A ingestão de vinagre de maçã pode ser muito benéfica nesse caso, pois sabe-se que ele é um "normalizador sangüíneo". Se a pressão arterial estiver muito alta, o vinagre de maçã ajudará a baixá-la; se estiver muito baixa, ajudará a levantá-la.

As unhas começam a apresentar protuberâncias, por causa da falta de sais de cálcio nos tecidos. Essa deficiência também pode afetar os ossos, os dentes e o cabelo. O vinagre de maçã pode ser de grande valia para esse problema, pois estimula o organismo a fazer um uso mais eficaz do cálcio proveniente dos alimentos. Entre outras coisas, a falta de cálcio nos tecidos acarreta unhas finas e fracas, cabelos sem brilho, cáries dentárias e ossos quebradiços. Cãibras e formigamento também estão bastante associados à deficiência de cálcio. Ao ajudar na absorção de cálcio, o vinagre de maçã pode desempenhar um importante papel na correção dessas anomalias.

É bom observar que você vai urinar mais enquanto estiver tomando vinagre de maçã, por causa do seu efeito diurético. Para o leitor que não sofre de artrite, mas gostaria de evitar essa doença, creio que duas colheres de chá de vinagre de maçã três vezes ao dia atuam como uma medida preventiva.

Nesta altura, deve estar bem claro para o leitor que o vinagre de maçã é um produto valioso no tratamento de artrite. Depois de tomar vinagre de maçã durante seis semanas, as pessoas afirmam que houve uma transformação em sua pele, cabelo e unhas, levando os amigos a perguntar o que estão fazendo para ter essa aparência melhor. Os benefícios do vinagre de maçã são infinitos, mas eu espero que eu tenha avaliado suficientemente o seu uso no alívio da artrite e de outras enfermidades relacionadas. Recomendo o uso do vinagre de maçã da marca "Aspalls", feito de maçãs cultivadas organicamente.

Mel

O mel — como todos sabemos — vem das abelhas e é produzido, em maior ou menor escala, em todos os países do mundo. Os dois tipos predominantes de açúcar presente no mel são a frutose e a glicose. Esses açúcares são "pré-digeridos", podendo ser usados imediatamente pelo organismo para produzir "energia instantânea". O açúcar comum não pode ser usado imediatamente, pois precisa ser digerido.

O mel é rico em vitaminas naturais, sais minerais e oligoelementos. Entre outros ingredientes menos importantes, ele contém:

proteínas	magnésio	fósforo
cálcio	alume	pólen
cobre	ácidos e aminoácidos	sódio
sílica	cloro	manganês
ferro	potássio	nitrogênio
óxido de cálcio	enxofre	dextrina

A composição do mel é influenciada pelos tipos de flor e pelas plantas dos quais o néctar é coletado, bem como por fatores como natureza do solo, época do ano e condições climáticas predominantes na época da coleta. O tipo de flor ou planta do qual o néctar é coletado também influencia bastante o sabor e a cor do mel.

Os méis mais escuros contêm muito mais ferro que os mais claros. Descobri que a grande maioria dos pacientes artríticos sofre de deficiência aguda de ferro. Muitos tomaram medicamentos que drenaram o ferro do seu organismo. A falta de ferro pode causar todos os tipos de distúrbios sangüíneos, principalmente anemia. Isso faz com que o paciente se sinta cansado e apático; olhos embotados e cabelo sem vida são sinais muito comuns desse estado. Como o paciente se sente "drenado", a medida mais sensata a tomar é introduzir uma boa fonte orgânica de ferro para produzir energia imediata. Em geral os pacientes artríticos estão com os nervos à flor da pele. Eles sentem muita dor, não dormem bem e ficam bastante deprimidos. A depressão é causada, sobretudo, pelo *stress* da doença e, em segundo lugar, pelo absoluto desânimo que sentem quando lhes dizem que terão de "aprender a conviver com a artrite". O mel é o melhor alimento para o paciente cansado, nervoso e extremamente tenso. Quase todos os pacientes artríticos, principalmente os que estão num estágio mais avançado, têm noites de insônia quando estão atormentados pela dor. Muitos andam de um lado para o outro por horas durante a noite, sentindo cãibras e formigamento, ou ambos. Alguns me disseram que acordam no meio da noite desejando morrer. Esse estado de espírito também é motivo de grande *stress* para a família do paciente.

Via de regra, se o paciente não está acima do peso, recomendo que tome mel em grande quantidade, geralmente uma colher de sobremesa três vezes ao dia. Durante a primeira semana de tratamento, é comum os pacientes sentirem uma sensação de calma que não sentem há anos. Isso, por si só, é maravilhoso, e os pacientes se ajustam ao regime prescrito cheios de esperança por um futuro com menos dor, ou até mesmo indolor.

Obviamente, alguns demoram mais que outros para apresentar sinais de melhora, mas nunca ninguém me disse que o tratamento não estava surtindo efeito algum.

O mel que contém bastante pólen é riquíssimo em vitamina C. Essa é uma vitamina muito importante que precisamos diariamente, mas que, infelizmente, não pode ser armazenada pelo organismo. Nós retiramos das frutas e vegetais a vitamina C de que necessitamos, mas por causa da sua instabilidade, essa vitamina pode facilmente se perder ou ser reduzida durante a preparação e o cozimento dos alimentos. Por exemplo, um suco de laranja fresco deixado na geladeira por alguns dias perde uma quantidade significativa do seu conteúdo de vitamina C. É difícil saber a quantidade de vitamina C que estamos obtendo dos alimentos. O *stress* e o tabagismo — um hábito associado ao *stress* — pode alterar a necessidade dessa vitamina pelo organismo. Que melhor fonte para retirar essa vitamina que o mel puro natural?

Aliás, eu descobri que o mel é bastante eficaz na cicatrização de ulcerações e queimaduras. Muitos hospitais hoje em dia estão usando mel para esses casos, pois trata-se de um antibiótico natural, e nunca conheci ninguém que seja alérgico ao mel.

Melaço escuro

O melaço é feito da cana-de-açúcar bruta sem enxofre. Trata-se de uma substância preta, de consistência espessa e rica em nutrientes que pode ser consumida a qualquer hora, quando for mais conveniente. Geralmente eu recomendo uma colher de chá três vezes ao dia. O melaço pode ser ingerido puro, sem diluir, mas, nesse caso, deve ser acompanhado imediatamente por um pouco de água morna, pois tem tendência para descolorir os dentes. Constatei que uma colher de chá de melaço dissolvido em meio copo de água morna é a quantidade certa para mim. Ingerido desse modo, o melaço é assimilado facilmente, é mais digestivo e não mancha os dentes. Para quem tem estômago sensível, uma colher de chá pode ser muito de uma só vez; essas pessoas podem ingerir doses menores e mais freqüentes. Outra forma de ingerir melaço é com torrada — de pão integral, claro! O pão branco é muito pouco nutritivo, pois a casca do trigo foi extraída, deixando-o deficiente em fibras, vitaminas e sais minerais.

O melaço também pode ser misturado no mingau de aveia ou na geléia. Não importa a forma como é consumido; como um alimento rico em ferro e sais minerais, o melaço é um excelente depurador do sangue para os portadores de artrite. Assim como o mel, o melaço também é um ótimo agente de cura interno e externo. Como eu já disse, os pacientes artríticos têm tendência a sofrer de úlceras gástricas, de diverticulite e de outras afecções semelhantes causadas pelos ácidos que corroem as paredes do estômago e do cólon. De modo geral, depois de tomar melaço durante uma semana, os pacientes dizem que a doença está incomodando menos. Para excrescências externas, furúnculos, feridas e cortes, melaço misturado com um pouquinho de água e aplicado como cataplasma é uma pomada natural espetacular. Além disso, o melaço é laxativo. Quase todas as pessoas podem ingerir duas colheres de chá por dia sem ficar com o intestino solto; mas, como cada caso é um caso, geralmente eu deixo que o próprio paciente regule a sua ingestão. Usado como laxante, entretanto, sempre aconselho o paciente a começar com uma colher de chá por dia e aumentar a dose à medida que o organismo ficar acostumado.

Assim como o mel, o melaço é uma fonte rica de ferro, e pode aliviar a sensação de cansaço de que tantos se queixam. É também uma fonte rica de vitaminas do complexo B e, portanto, nutre os nervos, diminui os episódios de depressão profunda, os surtos de neuralgia dolorosa e as crises debilitantes de gripes e resfriados. O melaço também contém cobre e magnésio, além de teores altíssimos de ácido pantotênico e inositol. O melaço puro da cana-de-açúcar contém cerca de cinqüenta por cento de açúcar de fruta, podendo ser usado como substituto do açúcar nos cereais e cremes, misturado no leite ou consumido no lugar de geléia ou gelatina.

O melaço também contém uma grande quantidade de ácido fosfórico e de potássio. Uma deficiência combinada dessas substâncias no organismo provoca a degradação das células, sobretudo das células do cérebro e dos nervos. O estado de ansiedade consome todos os sais de potássio da corrente sangüínea e dos tecidos, podendo produzir uma recaída no tratamento da artrite. Nesse aspecto também o melaço da cana-de-açúcar pode ser de grande valia, pois é riquíssimo em sais de potássio.

Como mencionei antes, o excesso de ácido úrico no organismo pode provocar o surgimento de úlceras gástricas. A maioria dos médicos sabe que a úlcera só ocorre quando existe uma deficiência de certos sais minerais nos tecidos. O melaço repõe esses sais minerais no sangue e nos tecidos, promovendo, assim, a cura da úlcera. Muitos pacientes sofrem de úlceras externas, uma tentativa por parte do organismo de se livrar dos ácidos tóxicos. O tratamento apenas local produz poucos resultados — é preciso promover um tratamento que leve em consideração a pessoa como um todo, ou seja, um tratamento "holístico". Uma "limpeza alimentar" em regra removerá o ácido úrico do organismo, embora um cataplasma de melaço e água também possa ser eficaz.

Muitas doenças de pele estão relacionadas com artrite, como eczema, dermatite e psoríase. "Pomadas supressoras", as favoritas dos médicos, fazem muito mais mal do que bem. Aplicadas sobre erupções e úlceras cutâneas, suprimem a infecção, levando o organismo a desenvolver um problema mais grave em outro local. O tratamento "holístico" por meio de uma limpeza interna com melaço pode ser valioso no tratamento dessas afecções, e a aplicação de cataplasmas de melaço ajuda a acelerar o processo de cicatrização.

Hipertensão arterial, angina e coração fraco muitas vezes são associados à artrite. Sabe-se que essas doenças respondem muitíssimo bem ao "tratamento com melaço". Prisão de ventre e colite são outras afecções freqüentemente associadas com a artrite; nesses casos, os pacientes são aconselhados a adotar uma alimentação rica em fibras. Mas essa é apenas a metade da história. Muitas vezes ocorre perda de tono muscular, por causa da falta de sais minerais essenciais no organismo. O melaço é valiosíssimo nesses casos, pois os sais da sua composição ajudam a restabelecer o tono muscular.

Um renomado médico que conheço achava que, se os sais de sódio — que absorvemos dos alimentos e do sal de mesa — não forem neutralizados pelos sais de potássio, haverá um grande risco de ocorrer o desenvolvimento de excrescências ou de artrite. A ingestão diária de sal de potássio ajudará na eliminação dos sais de sódio e, dessa forma, a reduzir ao máximo o perigo. Uma boa forma, natural, de ingerir sal de potássio é consumir melaço escuro bruto.

Banho com sais de Epson

A pele proporciona um excelente meio para a eliminação de ácidos, e nunca é demais recomendar o uso dos sais de Epson como um "agente extrator". Os sais de Epson são vendidos em embalagens de três quilos em farmácias e, muitas vezes, em lojas de artigos de jardinagem. Creio que seus valiosos sais minerais são bons para as rosas.

Não há nada mais relaxante do que um banho com sais de Epson no final de um longo e doloroso dia, e o método descrito a seguir é o meu favorito:

1. Dissolva meio quilo (ou três xícaras de chá) de sais de Epson numa banheira com água na temperatura mais quente que puder suportar. (Vale ressaltar que os pacientes que sofrem de angina, hipertensão arterial ou de qualquer problema do coração não devem usar água muito quente.) Não acrescente sabonete nem outros sais ou óleos, pois a alcalinidade desses produtos combaterá a acidez dos sais de Epson, reduzindo, assim, seus efeitos.
2. Mantenha a água quente, acrescentando mais água de vez em quando, e comece a exercitar as articulações. Comece com os dedos dos pés, movimentando-os para a frente e para trás; gire os tornozelos em sentido horário e anti-horário; dobre os joelhos, relaxe e estique as pernas; flexione as costas para trás e para a frente; flexione e movimente o pescoço; gire os braços no sentido horário e anti-horário; em seguida, exercite os dedos das mãos, fechando e abrindo as mãos e, depois, separando os dedos o máximo possível. Exercite os dedos de forma delicada, porém firme, pois isso ajuda a expulsar os depósitos de ácido que se acumularam sobre os ossos e entre as articulações.

3. O calor da água abrirá os poros, permitindo que os sais de Epson "extraiam" os ácidos tóxicos. Depois de dez a quinze minutos, saia da banheira, enxugue-se rapidamente com uma toalha quente e vá direto para a cama. O objetivo é manter os poros abertos durante toda a noite, para estimular a eliminação do ácido por meio do suor. Os pacientes descobrem que dormir entre cobertores ajuda a absorção do suor.

O banho relaxa e alivia a dor, além de proporcionar uma boa noite de sono. Ao levantar pela manhã, tome uma ducha rápida para retirar os ácidos acumulados e se sentirá renovado e pronto para enfrentar um novo dia. É preciso dizer que esse banho pode ser ligeiramente enfraquecedor, e o paciente pode ficar letárgico no dia seguinte. Se isso acontecer, um repouso de uma hora por volta do meio-dia produzirá bons resultados. Para os pacientes artríticos que trabalham, aconselho dois banhos com sais de Epson nos finais de semana, e nunca mais de três.

Depois do banho, o corpo não deve ser exposto de maneira alguma ao frio ou a correntes de ar. Isso poderia provocar tensão nervosa e muscular, causando dor e piorando muito mais as coisas. Da mesma forma, não se deve trabalhar depois do banho. O mais importante é manter-se aquecido, para prolongar o período de "eliminação". Um "beliscamento" metódico da pele, a partir dos pés, ajudará a melhorar a circulação e a aumentar o tônus muscular. Entretanto, em hipótese alguma esse banho deve levar à exaustão.

Obviamente, muitos portadores de artrite não conseguem entrar na banheira; nesse caso, sugiro que banhem as mãos e os pés da seguinte forma:

1. Pegue uma bacia comum de cozinha e encha de água quente, o mais quente que puder suportar.

2. Coloque uma xícara de sais de Epson e mergulhe as mãos durante dez a quinze minutos.
3. Com exercícios firmes, porém delicados, você se surpreenderá com a rapidez com que os movimentos retornam às articulações travadas.
4. Enxugue as mãos e envolva-as com uma toalha quente por cinco minutos para que os poros se fechem.
5. Repita esse processo com os pés.

Esses banhos para as mãos e os pés podem ser feitos três vezes ao dia ou mais, se for possível. Em muitos casos, depois de seis semanas de tratamento regular, os pacientes recuperam parte da força das mãos e se sentem confiantes para entrar e sair da banheira, sem medo de cair. Tive uma paciente cujas mãos e dedos estavam deformados e travados. Depois de quatro meses de tratamento, tudo isso desapareceu. Ela me contou exultante que conseguiu abrir uma lata de ração para cães sem nenhuma dificuldade. Essa paciente é apenas uma entre tantas outras que obtêm resultados semelhantes todos os dias.

É comum as articulações dos pacientes artríticos ficarem inflamadas, doloridas e inchadas. Uma compressa úmida e fria aliviará esses sintomas quase milagrosamente. A aplicação dessa compressa deve ser feita do seguinte modo:

1. Molhe um pedaço de pano em água fria e torça.
2. Enrole o pano na parte afetada e cubra com um cachecol de lã ou com uma flanela quente.

Isso deve aumentar a circulação para a parte afetada e eliminar a dor e o inchaço, sem que haja necessidade de recorrer a nenhum medicamento perigoso. Esses tratamentos naturais muitas vezes são desdenhosamente descritos como "superstição". Contudo, seus méritos evidentes não devem ser ignorados a favor dos medicamentos, que, no longo prazo, só farão mal.

O poder de cura do organismo é realmente maravilhoso, e a natureza é o único agente capaz de curar. Não importam os métodos de tratamento empregados; o organismo dependerá sempre da "liberação" do seu poder de cura. A essência de muitas doenças é o acúmulo de detritos de ácido úrico no organismo causado por maus hábitos alimentares. O que a natureza faz é tentar eliminar esses detritos e, portanto, deve estar claro o tremendo valor do programa de "desintoxicação" apresentado. Lembre-se: a saúde tem de ser conquistada, batalhada, mas você descobrirá que os resultados valerão a pena.

Evitando o stress

Em primeiro lugar, a principal exigência para livrar o organismo da artrite é o pensamento positivo. Esse estado de espírito em relação ao êxito do tratamento é de suma importância. Todos os membros da família podem incentivar o paciente artrítico a adotar essa postura e, certamente, a alimentação que recomendo pode ser benéfica para a família em geral.

Evitar o *stress* também é importante. *Stress* é um termo muito mais fácil de ser identificado do que explicado. Como é algo muito pessoal, pode significar coisas diferentes, dependendo das pessoas diferentes. Em geral, pode-se dizer que uma pessoa está sofrendo de *stress* quando ela não consegue lidar com as pressões de trabalho, os problemas familiares, as dificuldades financeiras, entre outras coisas, e, assim, não tem mais paz de espírito. Esses quadros invariavelmente geram impaciência, irritabilidade, depressão, falta de concentração e insônia.

O *stress* também pode refletir-se fisicamente. Sentimentos de ansiedade, medo e preocupação aumentam a produção do organismo de substâncias químicas chamadas hormônios do *stress*. Esses hormônios podem causar sensações de pânico ou desconforto numa pessoa sadia, mas, no portador de artrite, os resultados muitas vezes são mais graves. Os hormônios do *stress* podem elevar a pressão arterial, que, por sua vez, pode levar a outras complicações. O *stress* não é nenhuma novidade — ele sempre existiu — mas, nos dias de hoje, problemas como desemprego em massa e a ameaça nuclear, bem como as tensões diárias da vida moderna, aumentaram sobremaneira os seus efeitos.

Existem alguns indícios de que as pessoas propensas a sofrer de *stress* exibem traços de personalidade semelhantes. Elas costumam ser impacientes, ambiciosas, competitivas e, como tal, estão sempre sob pressão. Sabe-se que um choque repentino — como uma notícia de morte na família — pode provocar uma recaída da artrite. Isso aconteceu recentemente com uma das minhas pacientes, que tinha 30 anos de idade. Ela estava indo maravilhosamente bem, ficando cada dia melhor da artrite. De repente, o pai dela morreu, e o grande choque fez com que ela voltasse à estaca zero.

Muitas vezes não há meios de saber se alguém está sofrendo de *stress*. No entanto, podem haver sinais "reveladores". Por exemplo, a pessoa passa a fumar ou a beber mais, de uma hora para outra começa a comer demais ou, então, perde o apetite. Insônia, cansaço inexplicável, irritação e dificuldade inusitada para tomar decisões também são sinais de *stress*. A vida é complicada, principalmente para quem sofre de artrite, mas muitas vezes nós mesmos pioramos as coisas. Por exemplo, geramos uma tremenda pressão ao deixar as coisas para o último minuto. Para evitar isso, faça tudo o que puder num ritmo razoável, sem correria. Planeje com antecedência — reserve bastante tempo para tomar banho e se vestir de manhã e, sobretudo, tente tomar um café da manhã agradável e sem pressa. Assim você começará bem o dia e estabelecerá o ritmo das horas de trabalho seguintes. Vale a pena levantar uma hora mais cedo. Para evitar o *stress*:

1. Se possível, faça bastante exercício regularmente — essa é uma das melhores formas de relaxamento.
2. Coma devagar, sem pensar no trabalho.
3. Descubra maneiras de "escapar" nas suas horas de folga, com livros, passatempos, *hobbies* e esportes.
4. Não deixe de tirar um dia de folga regularmente. Não diga que não tem tempo — crie o tempo!
5. Descanse bastante — o relaxamento é vital. Uma leitura leve na hora de dormir ajuda a relaxar o corpo e a mente antes de pegar no sono.
6. Tente não ficar superimpaciente; poucas coisas são tão urgentes. Se ficar realmente furioso com alguma coisa, tente expressar a sua raiva o mais rápido que puder e com a maior honestidade possível.
7. Não reprima a raiva; em vez disso, tente encontrar maneiras de colocá-la para fora.
8. Veja se os objetivos que está tentando alcançar com tanto afinco são realmente importantes. Pergunte a si mesmo se você precisa ser tão competitivo.
9. Quando estiver ansioso, faça um esforço especial para não fumar ou beber mais do que de costume. No longo prazo, isso só será contraproducente; o mesmo se aplica aos excessos alimentares.
10. Faça um esforço sincero para mudar as coisas que são fonte constante de preocupação na sua vida.

Depois de começar o dia com o respaldo da força do pensamento positivo, você deve concentrar-se na sua alimentação e procurar comer os alimentos certos que contribuirão para a saúde do seu corpo.

Regras para uma alimentação saudável

Para quem sofre de artrite, uma alimentação isenta de ácidos é de suma importância. Entretanto, as "regras" alimentares apresentadas a seguir são valiosas não apenas para o artrítico, mas também para as pessoas que estão acima do peso e que têm problemas de coração.

1. *Coma menos sal*
Quase todos nós comemos mais sal do que precisamos, e, para algumas pessoas, o excesso de sal eleva a pressão arterial. Reduza a ingestão de sal da seguinte maneira:

- Colocando menos sal na comida.
- Jamais adicionando sal aos alimentos preparados.
- Preferindo alimentos frescos em vez de alimentos processados.
- Evitando alimentos com muito sal, como salgadinho, amendoins salgados, etc.

2. *Corte as gorduras de origem animal*
Manteiga, queijo, leite e creme de leite contêm teores altíssimos de ácido láctico e devem ser totalmente evitados. Essas gorduras animais fornecem ácido araquidônico, que exacerba o processo inflamatório. Além disso, elas contêm níveis elevados de colesterol e, portanto, elevam a pressão arterial. Reduza a ingestão de gorduras da seguinte maneira:

- Usando margarina vegetal, rica em gordura poliinsaturada.
- Usando leite em pó ou desnatado.
- Comendo queijo *cottage* — não confunda com *cream cheese,* que tem alto teor de ácido láctico.

Entretanto, existem diversos tipos de gorduras boas (ou "ácidos graxos essenciais"), que descreverei mais adiante neste capítulo.

3. *Elimine as frutas cítricas*

Laranjas, limões, *grapefruit* e seus sucos são ricos em ácido cítrico. Combinados com carboidratos no interior do organismo, levam à formação de ácido úrico. Abacaxi, tomate, morango, ameixa, groselha e ruibarbo também são ricos em ácidos, bem como groselhas pretas, groselhas vermelhas, amoras e abrunhos. O mesmo vale para as geléias de frutas e picles preparados com malte ou vinagre temperado. Como uma regra prática, se a sua boca se encher de água quando você pensar numa fruta, ela contém ácido e deve ser evitada.

Infelizmente, as frutas cítricas são uma das principais fontes de vitamina C. Essa vitamina é de vital importância para o organismo, e a sua carência pode produzir deficiência de ferro e até mesmo anemia. É essencial, portanto, tomar todos os dias um bom suplemento de vitamina C produzido naturalmente. Discorrerei sobre isso mais adiante.

4. *Elimine o consumo de "carnes velhas"*

Carne de porco, presunto, *bacon,* salsichas, patês, carne seca e outras carnes preparadas contêm tecido fibroso velho repleto de ácido. Atualmente, quando os animais têm febre, problemas de estômago ou doenças secundárias, eles são tratados com antibióticos e com outros fármacos, assim como nós. Quando ingerimos sua carne, ingerimos também o "produto tóxico" residual desses fármacos, que causam ainda mais problemas para os artríticos que já têm uma "carga tóxica". Os animais também eliminam os resíduos ácidos do seu organismo de forma bastante parecida como a nossa — por meio da urina e das excreções corporais. Quando eles são abatidos para a comercialização da carne, esse processo de eliminação cessa subitamente. Os ácidos penetram novamente nos tecidos e, quando a carne é ingerida, os ácidos do animal são ingeridos junto com ela. O paciente artrítico têm um problema duplo — livrar-se não apenas dos seus próprios ácidos tóxicos, mas também dos ácidos desses animais. Seria prudente, portanto, evitar essas carnes sempre que possível.

5. *Elimine o álcool*
Todos os drinques "curtos" são altamente ácidos e devem ser evitados. Isso se aplica ao xerez, ao gim, ao uísque, ao vermute, ao vinho frisante de pêra, a todos os vinhos brancos e tintos — na verdade, a todas as bebidas que passaram por um processo de fermentação.

6. *Elimine frituras, açúcar e pão branco*
7. *Evite bolos e biscoitos recheados*
8. *Evite todas as compotas de fruta*

Alimentos para uma dieta saudável

Existe um grande número de alimentos "saudáveis" para o portador de artrite, e basta um pouco de reflexão e planejamento para garantir uma dieta variada e balanceada. Aqui estão algumas diretrizes e sugestões para uma alimentação saudável:

1. Compre sempre pão cem por cento integral — você descobrirá que o pão integral satisfaz mais que o pão branco, e que é muito melhor para a saúde.
2. Escolha uma margarina vegetal poliinsaturada ou, de preferência, elimine de vez a manteiga e a margarina e regue o pão com azeite de oliva extravirgem. Hoje em dia lemos bastante sobre os "ácidos graxos essenciais". Gorduras ômega-3, gorduras ômega-6 e gorduras ômega-9 são ácidos graxos essenciais — "essenciais" porque são necessários para um corpo sadio. O azeite de oliva é uma fonte de gordura ômega-9, que reduz o processo inflamatório e, portanto, é muito bom para quem sofre de artrite. Óleo de milho, óleo de amendoim e óleo de girassol são ricos em gorduras ômega-6, necessárias ao organismo. Um dos componentes da gordura ômega-6 é uma substância chamada GLA (ácido gamalinolênico). Essa substância é encontrada no óleo de prímula, no óleo de semente de groselha preta e no óleo de borragem, que ajudam a reduzir a inflamação.
3. Não coma mais de três ou quatro ovos por semana.
4. Coma peixe fresco de carne branca — grelhado, escaldado, assado ou cozido, mas nunca frito! Peixe em conserva, por causa do seu teor invariavelmente elevado de sal, deve ser evitado. Peixes oleosos devem ser incluídos na alimentação, pois constituem uma importante fonte de gordura ômega-3. Os componentes das gorduras ômega-3 são EPA e DHA — outra terminologia relativamente nova. É muito melhor ingerir essas substâncias na forma de um bom alimento do que na forma de suplemento. Os alimentos naturais contêm muitos ingredientes saudáveis, alguns dos quais talvez ainda não tenham sido identificados, mas esses ingredientes são sinergisticamente balanceados nas proporções corretas.

5. Coma bastante queijo *cottage*, misturando salsinha e cebolinha picada para variar. As cebolas são um excelente depurador do sangue e um antibiótico natural. Ou então misture uma colher de sopa de uvas passas ou de frutas frescas, exceto, obviamente, as ácidas.

   Na hora do almoço, depois de uma manhã particularmente atribulada na clínica, gosto de comer queijo *cottage* misturado com fatias de banana, maçã e pêssego e um pouquinho de uva passa, uma refeição que considero fácil, substancial, saborosa e nutritiva.
6. Carneiro pode ser consumido com moderação, e, obviamente, o molho de hortelã deve ser preparado com vinagre de maçã — é delicioso! Para adoçar o molho, adicione uma colher de chá de açúcar mascavo ou mel.
7. Coma frango, pato, peru ou, na verdade, qualquer tipo de ave — embora o pato, por ser gorduroso, seja menos aconselhável.
8. Coma coelho, fígado e coração de carneiro. Os rins, como são órgãos de eliminação, devem ser evitados.
9. Coma bastante vegetais frescos, crus e cozidos. As saladas são mais saudáveis, mas não acrescente tomates, pois eles têm um alto teor de acidez. Os vegetais, principalmente as folhas verdes, são outra fonte de ácidos graxos essenciais. Os ácidos graxos essenciais contribuem para melhorar a saúde ao aumentar a energia e a resistência, auxiliando na redução de peso, retirando o excesso de água dos tecidos, baixando a pressão, controlando o desejo por esse ou por aquele alimento, diminuindo a depressão e aumentando as funções cerebrais. Outra função importantíssima relacionada especificamente com a inflamação é que os vegetais tornam o sangue menos viscoso, redu-

zindo a possibilidade de ocorrer a formação de coágulos sangüíneos nas artérias ou no cérebro e protegendo, dessa forma, de infartos e acidentes vasculares cerebrais. Coma alguns vegetais crus todos os dias na salada, e também dois ou três tipos de vegetais na principal refeição do dia. Tome sempre uma sopa de legumes frescos. Faça a sua própria sopa e evite as sopas desidratadas ou enlatadas, pois elas contêm açúcar, sal e outros conservantes, colorantes e aromatizantes.

10. Escolha frutas que não contêm ácido cítrico — por exemplo, pêssegos, peras, bananas, maçãs, damascos e melões.
11. Receio que as bebidas devam ser limitadas. Suco de maçã, ou qualquer extrato vegetal — como suco de cenoura — pode ser consumido à vontade, mas o álcool, se possível, deve ser evitado. Esse é um "ponto de discórdia" com muitos dos meus pacientes. Eles perguntam: "O que vou tomar quando sair com meus amigos?" Geralmente recomendo xerez com hortelã, ou cerveja Guinness, por serem menos prejudiciais — mas só com moderação! Se um dos meus pacientes tiver de beber alguma bebida alcoólica, eu recomendo que tome uma dose extra de vinagre de maçã, com ou sem mel, para lidar com a ingestão ácida extra. Muitos dos meus pacientes que costumam beber socialmente pedem suco de maçã, pois eles sabem que essa é uma bebida que podem tomar à vontade. E, obviamente, como não ficam embriagados, podem ir para casa dirigindo sem risco. Sem problemas — e com benefício duplo!
12. Coma bastante cereal integral, e faça suas próprias massas e bolos com farinha de trigo integral e margarina *light*.
13. Ao comprar alimentos, leia os rótulos. Verifique o que o produto contém e, se ele contiver alguma coisa que você não deve comer — ponha de volta na prateleira.

14. Beba menos chá — que é rico em ácido tânico. Se quiser tomar chá, prepare um chá fraco. Além disso, use café descafeinado, pois o café comum tem um teor muito elevado de cafeína.

Você descobrirá que a sensação de bem-estar e o alívio da dor proporcionados por essas "regras alimentares" valem qualquer sacrifício e esforço.

Nutrição

Descobri que a grande maioria dos pacientes artríticos é extremamente malnutrida. Quase todos são anêmicos e sofrem de *stress* e de seus efeitos. Acho que a melhor maneira de fazer com que se sintam melhor é prescrevendo uma fonte natural de vitaminas e sais minerais de primeira classe, como esta:

1. Forneço uma boa variedade de vitaminas e sais minerais balanceados preparados especialmente para quem tem artrite, denominada "Fórmula Margaret Hills". Essa fórmula introduz uma gama completa de vitaminas e sais minerais nos organismos com carência de nutrientes. Junto com a "Proteína Margaret Hills", em pó, constitui uma excelente base para o retorno da saúde.
2. Se os pacientes estão anêmicos, também prescrevo ferro.
3. Se os pacientes sofrem de cãibras e de sensações de formigamento, prescrevo comprimidos de cálcio.
4. Sempre recomendo um suplemento de vitamina C, pois as maiores fontes dessa vitamina — as frutas cítricas — são proibidas.
5. As vitaminas do complexo B são imprescindíveis, pois alimentam e acalmam os nervos cansados, proporcionando,

assim, uma boa noite de sono. Muitas pessoas que procuram a clínica já tomaram um ou outro tipo de vitamina B, pois ouviram dizer que essa vitamina é boa para quem sofre de artrite. Entretanto, elas não percebem que o fato de tomar apenas *um* tipo de vitamina B acarreta uma deficiência dos outros tipos de vitamina B no organismo, podendo fazer mais mal do que bem.

6. Considero a alfafa utilíssima, e muitas vezes prescrevo às pessoas que não podem tomar melaço. Aparentemente, a alfafa tem propriedades semelhantes às do melaço, e, segundo a minha experiência, o seu uso dá muito bons resultados.

Procurei frisar várias vezes que a artrite é uma doença de origem alimentar e, como tal, deve ser tratada. O próximo capítulo foi concebido para dar ao leitor uma maior consciência da importância de uma alimentação saudável.

4 Vitaminas e sais minerais — sua utilização no organismo

Quanto mais estudamos a nutrição, mais aprendemos sobre os alimentos e melhor compreendemos os mecanismos do corpo humano. Comer muito não significa necessariamente obter os nutrientes certos. Mais importante que a quantidade é a variedade, a escolha de alimentos que contenham as quantidades certas de proteínas, sais minerais e vitaminas necessárias para fornecer ao organismo a energia suficiente para os processos de crescimento, reparo e manutenção. A carência desses nutrientes vitais pode ter graves conseqüências.

As substâncias não-digeríveis que auxiliam a digestão e servem como volume estimulante da peristalse intestinal são muito importantes nos alimentos que comemos; sem elas o organismo não consegue funcionar adequadamente, podendo ocorrer um estado de acidose responsável por diversas doenças crônicas.

A adoção de um bom planejamento alimentar é essencial para a saúde e eficiência do corpo humano. Quando uma ferida é suturada ou um osso fraturado é manipulado para a posição correta, todos nós sabemos que são os próprios poderes naturais de cura do organismo que cicatrizarão a ferida e consolidarão o osso quebrado. Podemos observar esses poderes de cura em ação também em casos de gripe ou resfriado, de febre e inflamação. Nas crianças e nos jovens, esse é um processo bastante rápido, porque, nesse estágio da vida, a resistência corporal é elevada e ainda não houve a depleção dos poderes naturais de cura do organismo. Nas pessoas mais velhas o processo de cura geralmente é mais lento, porque o impulso natural do organismo para se manter saudável foi reduzido em decorrência de anos de alimentação ruim e dos maus-tratos infligidos ao corpo pelo fumo, pelo consumo excessivo de álcool e por outros poluentes. Creio que, se todos esses exemplos fossem submetidos ao tratamento de eliminação holístico que defendi, o paciente não apenas recuperaria a saúde, como também, sentiria muito melhor que antes da doença ou do ferimento. Isso porque o organismo teria se livrado de todos os ácidos tóxicos nocivos.

Infelizmente, espera-se que o resignado médico, quando chamado à cabeceira do paciente, faça um milagre; e não lhe resta outra alternativa a não ser prescrever um antibiótico ou outro medicamento selecionado de uma grande variedade. Ele não tem tempo de explicar ao paciente que os processos de cura do próprio organismo entrarão em ação. No entanto, se o médico aconselhar o paciente a não fazer nada, o paciente pensará que ele não está nem aí; mas muitas vezes uma abordagem inteligente de "não fazer nada" é melhor que uma intervenção médica que poderia ser prejudicial. Durante anos fiz uma campanha de tratamento sem remédios na minha família e obtive excelentes resultados. Acho que uma boa alimentação respaldada por suplementos nutricionais na forma de proteínas, vitaminas e sais minerais ajuda a promover a saúde e a aumentar o vigor.

Vitaminas

"Vitamina" é um termo aplicado a um grupo de substâncias presentes em quantidades diminutas no alimento natural e que são necessárias à nutrição normal, sobretudo para o crescimento e desenvolvimento. A deficiência de vitamina na alimentação de crianças e animais pequenos produz anomalias do crescimento. Nos adultos, podem surgir várias doenças, e a privação persistente de uma ou outra vitamina pode ser responsável por uma saúde frágil. Sabe-se que certas deficiências alimentares causam escorbuto, beribéri e raquitismo.

É importante perceber que as vitaminas e os sais minerais trabalham de mãos dadas. Essas substâncias não são encontradas isoladas na natureza e, portanto, tomar um suplemento composto por um único tipo de vitamina ou sal mineral iria contra a natureza do organismo e, provavelmente, contribuiria para aumentar o desequilíbrio dos nutrientes. Por exemplo, sabe-se que o zinco libera a vitamina A do fígado, onde é armazenado. Por esse motivo, se alguém estiver com carência de vitamina A, é importante verificar também a existência de uma deficiência de zinco, pois pode ser que o que esteja realmente faltando seja um suplemento de zinco para liberar a vitamina A já existente no organismo.

Vitamina A

Essa vitamina é obtida em quantidade abundante na alimentação normal e armazenada no fígado. É desenvolvida originalmente pelas plantas como uma substância de coloração amarela — o caroteno, por exemplo, nas cenouras. É encontrada também na gema de ovo, no fígado, no leite, na manteiga e na maior parte dos vegetais verdes. As duas fontes mais ricas de vitamina A são o óleo de fígado de halibute e o óleo de fígado de bacalhau. A dose diária recomendada de vitamina A gira em torno de 4.000 unidades internacionais, embora as crianças e gestantes necessitem de doses mais elevadas. A carência de vitamina A, a hipovitaminose A, pode ser responsável por uma grave inflamação ocular conhecida como "xeroftalmia", além de cegueira noturna, vários tipos de erupção cutânea, desenvolvimento imperfeito dos dentes e falta de vitalidade nos tecidos, que poderia levar a uma infecção local. A vitamina A não é destruída pelos processos normais de cozimento.

O excesso de vitamina A pode ser prejudicial. Mais de 10.000 unidades internacionais de retinol (vitamina A) é uma quantidade excessiva, e as gestantes devem evitar doses elevadas.

Vitamina B_1

Prisão de ventre, flatulência e dispepsia podem ser conseqüência de uma leve deficiência de vitamina B_1, e esses problemas provocam dores de cabeça, falta de energia e fadiga crônica. A vitamina B_1 é encontrada nas cascas de cereais e nos grãos. Sua deficiência pode ser produzida pelo beneficiamento excessivo do arroz ou por uma dieta de pão branco com exclusão de pão integral e de outros cereais que contêm essa vitamina. A doença resultante é uma forma de neurite, com fraqueza muscular e insuficiência cardíaca. As melhores fontes dessa vitamina são farinha de trigo integral, bacon, fígado, gema de ovo, levedura e leguminosas. As gestantes necessitam de uma quantidade maior que a dose normal diária de 0,5 mg — aconselha-se uma dose diária de 2 mg. Num corpo saudável, todas as vitaminas do complexo B podem ser produzidas pelas "bactérias benéficas" existentes no intestino.

Vitamina B_2

Essa vitamina está presente no leite e não é destruída durante o processo de pasteurização. Outras fontes ricas de vitamina B_2 são ovos, fígado, levedura e as folhas verdes do brócolis e espinafre. Ela é encontrada também na cerveja. Acredita-se que a deficiência dessa vitamina na alimentação cause inflamação da córnea, feridas nos lábios e dermatite. A dose diária mínima recomendada para um adulto é de 3 mg; mas, durante a gestação e a lactação, as exigências do organismo são maiores. A vitamina B_2 é importante no combate da anemia — ela atua, com o ferro e outros nutrientes, para a produção da hemoglobina. Os níveis de hemoglobina (medidos por exames de sangue) costumam ser mais baixos nas pessoas que sofrem de artrite.

Vitamina B_3

Constatou-se que a vitamina B_3, conhecida também como niacina, ácido nicotínico ou niacinamida, reduz os níveis de colesterol, melhora a circulação e auxilia na digestão. Ela está envolvida no processo inflamatório e ajuda a aliviar a dor, aumentar a mobilidade articular e a força muscular. Além disso, ajuda a diminuir a fadiga. Também nesse caso o uso adequado da vitamina B_3 no organismo requer a presença de diversas outras substâncias, de modo que ela não deve ser ingerida como um suplemento único.

A vitamina B_3 é distribuída amplamente nos alimentos, tanto de origem animal quanto vegetal. A levedura, o fígado e a gema de ovo são fontes particularmente ricas. Nos ratos, a falta dessa vitamina produz o embranquecimento do pêlo, mas não existem indícios que comprovem que isso ocorra no ser humano. Nos frangos, a carência de vitamina B_3 produz dermatite e, degeneração das fibras nervosas na medula vertebral.

Vitamina B_6

A vitamina B_6, cuja forma ativa é conhecida como piridoxal-5-fosfato, desempenha um papel importante no metabolismo de diversos aminoácidos. A carência dessa vitamina leva à atrofia da epiderme, dos folículos pilosos e das glândulas sebáceas, podendo ocorrer também neurite. Os bebês são mais suscetíveis a essa deficiência que os adultos. Eles podem perder peso, desenvolver anemia e ficar bastante irritadiços, podendo também ter convulsões.

A vitamina B_6 chamou a atenção pela sua capacidade de aliviar a dor e a depressão associados à síndrome pré-menstrual, diminuir a náusea do início de gravidez e a depressão pós-parto. Esses efeitos benéficos são observados porque essa vitamina ajuda a controlar os níveis dos hormônios estrogênio e cortisol no organismo. A carência de vitamina B_6, junto com outros nutrientes vitais com os quais ela atua, contribui para a síndrome pré-menstrual, síndrome do intestino irritável e para doenças como esclerose múltipla, esquizofrenia e diversos transtornos inflamatórios.

O fígado, a levedura e os cereais são fontes ricas de vitamina B_6; o peixe é uma fonte moderada, mas o leite e os vegetais contêm uma quantidade pequena. A dose diária mínima recomendada na alimentação é de aproximadamente 2 mg.

Vitamina B_{12}

Essa vitamina B_{12} contém cianeto e cobalto. Foi isolada pela primeira vez em 1948, sendo considerada eficaz no tratamento de anemia perniciosa. A vitamina B_{12} é necessária para a produção de eritrócitos. Assim como as outras vitaminas do complexo B, ela é produzida no intestino, mas algumas pessoas têm dificuldade para absorvê-la na corrente sangüínea a partir do intestino — por exemplo, quem tem problemas de tireóide e os vegans podem necessitar de quantidades adicionais. Uma grave deficiência de vitamina B_{12} pode causar doença mental, neuralgia, neurite e, possivelmente, bursite. Para a absorção apropriada de vitamina B_{12}, são necessários cálcio e vários outros nutrientes.

O lêvedo de cerveja é uma das fontes mais ricas de vitamina B. Mesmo assim, pode ser necessário até 1 kg de lêvedo para fornecer uma das menores doses de vitaminas B por cápsula, mencionada nos rótulos dos suplementos vitamínicos naturais. A maior parte das vitaminas do complexo B vendidas atualmente baseia-se em substâncias químicas sintetizadas em laboratório, sejam ou não rotuladas como "natural".

Vitamina C

É encontrada principalmente em frutas cítricas frescas, como laranja, limão e *grapefruit*, vegetais verdes e, em menor proporção, no leite, na carne e em outros alimentos frescos. Vegetais enlatados, como tomates, retêm a vitamina C, pois sua reação é ácida. Ela é destruída rapidamente por temperaturas elevadas ou excesso de bicarbonato de sódio e outros álcalis, e perde-se gradualmente por oxidação durante o armazenamento. A carência de vitamina C está associada a sintomas de escorbuto, inclusive fraqueza muscular, hemorragia subcutânea, edema e inflamação das gengivas — com perda dos dentes — e graves lesões articulares por hemorragia. A vitamina C ajuda a reduzir a inflamação. Trata-se de um poderoso antioxidante que ajuda a combater as infecções. Se uma pessoa apresentar um quadro de reações alérgicas, a sua necessidade de vitamina C será maior. Bebês alimentados persistentemente com alimentos artificiais podem apresentar hipovitaminose C. A dose diária recomendada de vitamina C é de 30 mg para adultos e 60 mg para crianças.

Vitamina D

Essa vitamina é especialmente importante para o crescimento das crianças, e a sua carência produz raquitismo, com amolecimento e crescimento irregular dos ossos, acarretando inchaço articular, distorção dos membros, deformidades torácicas e outras malformações. A osteomalacia, uma doença semelhante que afeta os ossos de mulheres adultas, também é causada por deficiência de vitamina D, quando os sais de cálcio são absorvidos dos ossos durante a gestação. O raquitismo também é comum entre cães e outros animais novos. Sabe-se há muito tempo que o óleo de fígado de bacalhau era o principal remédio para raquitismo, e, durante certo tempo, acreditou-se que a sua ação antiartrítica devia-se à vitamina A; mas hoje sabe-se que se deve à vitamina D. Poucos alimentos contêm vitamina D naturalmente, como o óleo de fígado de bacalhau e outros óleos de peixe. A gema do ovo contém uma quantidade menor; as gorduras e o leite contêm quantidades muito pequenas. A vitamina D ajuda na absorção do fósforo e cálcio provenientes dos alimentos, e aumenta a absorção dessas substâncias pelo sangue e pelos ossos. A dose excessiva pode acarretar efeitos nocivos, pois níveis elevados de cálcio e fósforo na corrente sangüínea tornam os ossos supercalcificados e indevidamente endurecidos, podendo haver a formação de cálculos renais e em outros órgãos. A dose diária recomendada para bebês e lactantes é de 400 a 800 unidades internacionais, enquanto para adultos gira em torno de 400 unidades.

Vitamina E

Essa vitamina é encontrada principalmente no óleo contido nas sementes e folhas verdes e, em menores quantidades, em outros alimentos frescos. Ela é prontamente armazenada no organismo, sendo rara a sua deficiência em seres humanos, exceto em casos de grave subnutrição e de bebês prematuros. É possível, entretanto, que alguns casos de aborto sejam conseqüência da falta de vitamina D — em 1923, demonstrou-se que a carência dessa vitamina em ratos causava infertilidade.

A vitamina E é benéfica para o coração, a circulação sangüínea, os nervos e os músculos, e também para quem tem problema de varizes. Como antioxidante, ajuda a reduzir a absorção desnecessária de algumas substâncias nocivas denominadas "radicais livres". Assim como outros nutrientes, a vitamina E não atua isoladamente — constatou-se que o selênio aumenta a sua atividade no organismo. As fontes alimentares mais confiáveis de vitamina E são grãos integrais, manteiga e margarina.

Vitamina K

Essa é uma vitamina anti-hemorrágica, essencial para a coagulação sangüínea adequada. Ela tem sido administrada com êxito em casos de hemorragia em bebês e em casos de icterícia em que existe uma tendência especial para hemorragia. Acredita-se que a hemorragia, nesses casos, esteja diretamente relacionada com deficiência de vitamina K. Essa vitamina é amplamente encontrada na natureza, sendo que suas principais fontes são espinafre, vegetais folhosos, tomates e fígado. A dose diária recomendada não foi identificada. A deficiência de vitamina K só ocorre em quadros clínicos, como doenças hepáticas, intestinais e da vesícula biliar. Essas deficiências não são comuns hoje em dia, pois essa vitamina é encontrada em muitos alimentos. Além disso, a flora intestinal — "as bactérias benéficas" — sintetiza uma quantidade considerável de vitamina K. Uma pesquisa recente mostrou que a vitamina K exerce um efeito significativo na densidade óssea.

Ferro

Esse metal é um componente essencial dos glóbulos vermelhos, onde está presente na forma de hemoglobina. É encontrado também nos músculos e em alguns pigmentos respiratórios, que são essenciais à vida de muitos tecidos do corpo. O ferro é absorvido principalmente na parte superior do intestino delgado. Em seguida, é armazenado no fígado e, em menor proporção, no baço e nos rins, onde fica disponível para a formação da hemoglobina dos eritrócitos na medula óssea. O ferro também ajuda no desenvolvimento de um sistema imunológico forte. A dose diária recomendada de ferro é maior durante a gestação. Os sais de ferro também têm uma ação adstringente, sobretudo o cloreto, e algumas vezes essa propriedade é usada como um estíptico para o controle de hemorragias. Os alimentos ricos em ferro são fígado, gema de ovo, lentilhas e grãos integrais. O ferro é mais bem utilizado no organismo quando administrado junto com vitaminas C e vitaminas do complexo B.

Cálcio

Esse é um elemento metálico presente no carbonato de cálcio natural e em outras formas de óxido de cálcio. A deficiência de cálcio é responsável por ossos fracos e irritabilidade do sistema nervoso, que, por sua vez, pode causar cãibras e espasmos musculares. Embora ainda seja usado comumente no tratamento de frieiras, existem poucos indícios de que o cálcio produza algum resultado nesse quadro. Trata-se de um elemento importantíssimo na alimentação, e suas principais fontes são leite e queijo. O cálcio é especialmente necessário para crianças em desenvolvimento, gestantes e lactantes. A ingestão diária recomendada de cálcio é de 500 mg para crianças, 700 mg para adolescentes, 500 a 900 mg para adultos e 1.200 mg para gestantes e lactantes.

O organismo contém mais cálcio que qualquer outro mineral, mas a sua absorção é bastante ineficiente e, quando o organismo está sob *stress*, é ainda menor. Para uma maior absorção desse elemento é essencial uma secreção ideal de ácido gástrico no estômago. Os níveis de cálcio no sangue precisam ser mantidos dentro de certos limites; mas se o cálcio não estiver sendo devidamente absorvido dos alimentos, o sangue extrairá o cálcio dos ossos e de outros tecidos, enfraquecendo, assim, essas estruturas. Se for ingerido na forma de suplemento, o cálcio, assim como outros sais minerais, não deve ser tomado sozinho. Para uma absorção adequada, é necessária toda uma variedade de nutrientes, como fósforo, vitamina D, proteína, vitamina A e vitamina C.

Quadros em que a suplementação de cálcio pode ser útil

1. Catarata decorrente de hipocalcemia.
2. Alergias e dietas de eliminação.
3. Depois da menopausa, quando há carência de estrogênio.
4. Exposição a metais tóxicos (chumbo e alumínio).
5. Depressão, ansiedade, ataques de pânico, insônia.
6. Tiques, contrações e cãibras musculares.
7. Dores articulares e musculares e artrite.

8. Gravidez e lactação.
9. Má absorção gastrintestinal.

Magnésio

Esse é um dos elementos minerais essenciais ao organismo, sem o qual ele não consegue desempenhar adequadamente suas funções. O corpo do adulto contém cerca de 25 g de magnésio, sendo que a maior parte está nos ossos. Mais de dois terços do nosso suprimento diário vêm dos cereais e dos vegetais. Como a maioria dos outros alimentos também contém quantidades razoáveis de magnésio, dificilmente existe alguma dificuldade quanto à manutenção de níveis adequados no organismo. A carência de magnésio produz fraqueza muscular e impede o funcionamento adequado do coração. O sulfato de magnésio, comumente conhecido como sais de Epson, é um sal com propriedades purgativas. Os banhos com sais de Epson são usados com bastante eficácia para a eliminação dos ácidos do organismo, sobretudo em casos de artrite e reumatismo e, na verdade, de qualquer doença crônica, como bronquite e asma não-alérgica.

A escolha dos alimentos certos

Algumas pessoas adquirem hábitos alimentares peculiares aos seus próprios gostos e manias, recorrendo geralmente a uma grande quantidade de alimentos que satisfazem, completamente alheias aos princípios nutricionais. Esses hábitos podem ter uma influência hereditária, pois, se a mãe não foi suficientemente instruída na ciência da nutrição para fornecer à sua família alimentos corretos, existem pouquíssimas esperanças de que sua filha ou filho aprenda hábitos alimentares saudáveis, e, portanto, a história se repete.

Há muitos anos, o raquitismo, uma doença que deforma os ossos, era comum em crianças em fase de desenvolvimento. A alimentação dessas crianças carecia das frutas e vegetais que fornecem vitaminas e sais minerais essenciais, e, na falta desses alimentos, a febre assolava e os índices de mortalidade infantil eram altos. Hoje em dia, as pessoas consomem grandes quantidades de alimentos pobres em nutrientes. As prateleiras dos supermercados estão cheias deles, e existe grande resistência a uma mudança nos hábitos alimentares. Quase todos os alimentos deficientes são engordativos e induzem a um consumo excessivo. Os carboidratos refinados são um exemplo — a farinha de trigo branca, em suas diversas formas de pães, bolos, massas, biscoitos, e o arroz branco polido. A introdução do processo moderno de beneficiamento implica na rejeição do farelo e do germe do trigo; as partes nutritivas do grão integral são excluídas da farinha e vendidas separadamente como ração animal ou cereal matinal. Nesse processo, ocorre uma perda de vitaminas e sais minerais valiosos, sobretudo vitaminas do complexo B e proteína. O ferro e o cálcio naturais são dois dos minerais que se perdem; na Inglaterra, por determinação do governo, a farinha de trigo comum é enriquecida de ferro, bem como de carbonato de cálcio para a reposição do cálcio. Dizem que até vinte substâncias químicas podem ser usadas na produção do pão moderno feito de farinha de trigo branca. Essas substâncias químicas incluem agentes alvejantes para branquear a farinha, conservantes, texturizantes, agentes antiinfecciosos, emulsificantes e umidificantes. O pãozinho branco não é mais o "esteio da vida". A melhor farinha de trigo e o melhor pão são, de longe, os 100% integrais.

O bem-estar do consumidor depende inteiramente do consumo de alimentos no seu estado natural puro. No caso da farinha de trigo, bem como de todos os outros alimentos, trata-se de uma combinação complexa de substâncias que, quando corrompida e destituída de algumas de suas vitaminas, pode ficar absolutamente sem valor em termos nutritivos.

Existe uma relação direta entre o consumo de alimentos integrais e o controle do reumatismo e da artrite; por esse motivo, não admira a proliferação de lojas desses produtos em todo o país. O problema é que, embora exista uma necessidade gritante por nutrição sadia, o público em geral ignora suas necessidades nutricionais e não sabe o que comprar para suas diversas doenças. As pessoas compram vitamina E, ou alguma outra vitamina, porque os amigos lhes disseram que era boa. Boa para quê, elas não sabem; e não têm a mínima idéia de como descobrir. Um nutricionista ou profissional de enfermagem versado no uso de vitaminas e sais minerais seria uma dádiva maravilhosa, tanto para a loja de produtos naturais quanto para o consumidor. As pessoas querem ser saudáveis, mas não sabem como; e as orientações médicas, via de regra, são no sentido de se evitar certos tipos de alimentos.

O açúcar branco representa outra ameaça à boa nutrição. Em 1700, o consumo de açúcar refinado dos ingleses foi de 6 kg por pessoa por ano. Em 1800, esse número subiu para 7 kg, e atualmente gira em torno de 50 kg por pessoa por ano. Esse produto não pode ser classificado como alimento, uma vez que é completamente destituído de vitaminas e sais minerais. É possível ficar viciado em açúcar; sua fórmula química não é diferente da do álcool. O açúcar é um carboidrato refinado, e os dentistas de todas as partes do mundo afirmam que é a principal causa das cáries dentárias. O açúcar pode ser responsável por um grande número de doenças, como obesidade, diabetes, doenças intestinais, como as encontradas freqüentemente nos casos de artrite — colite e diverticulite, além de prisão de ventre, hemorróidas e veias varicosas. Todas essas doenças são patologias sangüíneas diretamente relacionadas com reumatismo e artrite.

O açúcar muitas vezes é substituído por mel, por ser este um produto mais natural que o açúcar refinado. Além disso, tem menos calorias — cerca de 82 por 30 gramas, em comparação com as 112 do açúcar. A análise também mostra que o mel contém traços de muitos sais minerais e oligoelementos, e algumas amostras de mel também contêm vitaminas. Para produzir mel, as abelhas digerem parcialmente açúcares complexos em glicose e frutose, açúcares mais simples, que alteram menos os níveis de açúcar no sangue do ser humano. Como o mel é um produto natural, muitas lojas de produtos naturais dedicam a ele uma grande seção. O gosto sempre é o fator decisivo na compra de determinado tipo de mel. Para quem gosta do mel claro de sabor delicado, o mel da acácia é uma boa opção. O mel consistente é usado tradicionalmente com pão e manteiga na hora do chá ou na torrada do café da manhã. O mel líquido é mais fácil de usar na cozinha ou para adoçar bebidas, adicionar a preparações caseiras ou a fórmulas naturais de beleza. Se você usa mel para cozinhar, é melhor escolher um de sabor delicado que não sobressai aos outros ingredientes, e lembre-se de que o mel contém vinte por cento de água na sua composição.

O mel misto é o mais barato, pois geralmente é proveniente de mais de um país. Os méis mais caros são provenientes de uma única fonte. Eles são produzidos por abelhas que coletaram o mel apenas ou quase somente de um tipo de flor. Os néctares conferem ao mel sabores e cores bastante diferentes.

A inscrição "mel puro" num rótulo indica que o pote contém cem por cento mel, muito embora seja misturado, em oposição à "pasta de mel", um produto que contém açúcar, caldas e outros conservantes. O mel é um substituto natural do açúcar — e muito mais saudável.

Como elaborar uma dieta balanceada

Se eu cortar o meu dedo, todo o meu corpo ficará solidário a esse dedo. Dependendo da gravidade do corte, há um choque repentino, que provavelmente afetará meus nervos, provocando insônia, que, por sua vez, minará toda a minha energia e, conseqüentemente, o meu trabalho será afetado. O leitor pode deduzir, com base nessa afirmação, que uma simples ação pode desencadear uma cadeia de eventos, cada qual mais grave que o outro. Da mesma maneira, se damos um doce ou bolo para uma criança como recompensa por um trabalho bem-feito, ou para fazê-la parar de chorar, esse gesto pode desencadear uma cadeia de eventos que leva anos para se manifestar.

Sintomas semelhantes podem estar relacionados com diversas afecções, quase todas diretamente relacionadas com doenças degenerativas decorrentes de anos de maus hábitos alimentares. Os métodos de tratamento ortodoxos para artrite e reumatismo não têm produzido bons resultados, porque essas doenças são sistêmicas, causadas por anos a fio de alimentação errada, e ninguém conseguirá curá-las sem uma promoção total da saúde. Não existe uma dieta padronizada adequada para todos os indivíduos, e é preciso mais do que conjecturas para identificar o que é preciso e o que não é preciso em qualquer dieta em particular, bem como o padrão de suplementos nutricionais, embora a princípio sempre haja um elemento de tentativa e erro. Observações experientes amparadas por um grande conhecimento, observações fortuitas com utilização de dicas obtidas por meio de perguntas e do conteúdo nutritivo de dietas existentes, experimentação com aprimoramento de alimentos e suplementos nutricionais são meios de determinar a deficiência nutricional de um paciente. Confiar apenas em ajustes alimentares ao lidar com necessidades específicas e únicas de pessoas doentes e ignorar a necessidade comprovada de suplementação é um esforço inócuo. Eu acredito piamente em suplementação, e também numa explicação detalhada aos pacientes do que os vários suplementos vitamínicos farão por eles. Tanto na medicina alternativa quanto na vida, deveremos ser conhecidos e julgados pelos nossos frutos.

Na verdade, a cura é uma arte muito simples que exige amor, discernimento, sabedoria e verdade. Quanto mais complicados os tratamentos, mais difíceis são de serem entendidos e seguidos. Hipócrates disse que os alimentos devem ser remédios e remédios devem ser alimentos, e o verdadeiro médico discutirá com o paciente quais são os alimentos que, por alguma razão, são tóxicos para eles. O médico encara o suplemento como um nutriente, mas não o paciente que, segundo a minha experiência, muitas vezes o considera um auxiliar ou substituto de uma alimentação balanceada.

Já deve ter ficado claro que nada se compara a uma alimentação balanceada. Os especialistas dizem que devemos reduzir a ingestão de gordura, de açúcar e de sal comum, e comer mais pão, batata, frutas e vegetais frescos. Isso sem dúvida é verdade, mas podemos acrescentar as considerações de qualidade e seleção. *Que tipo de pão?* pode-se perguntar; temos de ter cuidado com o pão integral — ele pode ter conservantes. *Como os vegetais foram cultivados?* Será que foram borrifados com pesticidas ou adubados com fertilizantes químicos? Se foram, podem estar completamente destituídos das vitaminas e dos sais minerais que lhes são atribuídos. Devemos olhar para a fruta que comemos: algumas pessoas nunca comem frutas, e isso se aplica especialmente aos portadores de artrite, que não podem comer frutas cítricas. Também neste caso, parece evidente que a sociedade moderna precisa de alguns suplementos alimentares. De acordo com um relatório encomendado pelo governo britânico a um grupo de médicos e cientistas, precisamos de mais alimentos integrais, pão de verdade, frutas e vegetais frescos. O que esses cientistas atuais estão dizendo, na verdade, é que "nós somos o que comemos". Eu acho que atualmente está ocorrendo uma mudança gradual no pensamento coletivo e, a despeito da lavagem cerebral feita pela televisão e pelas campanhas publicitárias, o povo está começando a questionar o valor do refrigerante dietético na Grã-Bretanha, ficando mais seletivo ao comprar alimentos e mais consciente dos ingredientes que eles contêm.

Leva muito tempo para o organismo se adaptar a qualquer mudança na alimentação. Se você não está acostumado aos alimentos integrais, deve efetuar a mudança de maneira gradual. Não é prudente fazer mudanças repentinas nos hábitos alimentares. O mais sensato é mudar lentamente e se adaptar a uma alimentação natural, consumindo cada vez mais alimentos que não foram alterados do seu estado natural.

Carne

A carne é um dos alimentos mais alterados do seu estado natural pelos métodos modernos de criação de gado em "fazendas industriais". Se você come carne, a qualidade — o modo como os animais foram criados, alimentados e abatidos — deve ser a sua principal consideração.

Frango. Trinta gramas de carne de frango magra assada fornece 6,2 g de proteína, 1,4 g de gordura, 54 calorias e nenhum carboidrato. O frango é rico em proteínas, pobre em gordura e constitui uma ótima fonte de ferro e ácido nicotínico. Essa carne também contém as vitaminas B_1 e B_2.

O valor nutritivo do peru é semelhante ao do frango. A galinha d'angola também tem pouca gordura, ao passo que o pato e o ganso são nitidamente gordos. Para reduzir o conteúdo de gordura, retire a pele das aves antes de comer a carne assada.

Carneiro. O carneiro mais magro tem apenas oito por cento de gordura. Trinta gramas de carneiro magro assado têm somente cerca de 55 calorias. A carne magra de carneiro é uma excelente fonte de ferro.

Vitela. A vitela é extremamente magra, excelente para os portadores de artrite e as pessoas que se preocupam com a saúde. Uma porção de 90 gramas de vitela tem somente 100 calorias; porém, assada ou frita, tem cerca de 160. A vitela magra tem a mesma quantidade de proteína e vitaminas B que a carne bovina magra, mas apenas a metade da quantidade de ferro.

Não há nada igual a uma dieta balanceada para promover a saúde física e o vigor mental, e, na busca de uma alimentação saudável, muitas pessoas decidem reduzir a quantidade de carne que consomem e descobrir outras fontes de proteína.

Peixe

O peixe tem muito a oferecer. Pode ser um alimento animal, mas a gordura que ele contém é poliinsaturada, ao contrário dos outros produtos de origem animal. Foi comprovado que os ácidos graxos poliinsaturados exercem um efeito benéfico sobre as gorduras da corrente sangüínea. Sua presença ajuda a reduzir o depósito de gorduras saturadas que causam o estreitamento e endurecimento das artérias e contribuem para as doenças cardíacas. Os peixes, sobretudo os oleosos, como a cavalinha e o arenque, fornecem tipos especiais de óleos marinhos que diminuem a tendência de formação dos coágulos sangüíneos que causam trombose nas artérias estreitadas. Tanto os peixes oleosos quanto os peixes de carne branca contêm vitaminas A e D valiosas. Os peixes de carne branca precisam do acréscimo de óleo ou líquido durante o cozimento, mas os peixes oleosos não, porque seu conteúdo de óleo permite que "se cozinhem". Envolvidos em espinafre para manter o vapor e impedir que sequem, eles compõem uma refeição excelente e facílima de preparar. Uma pesquisa recente mostrou que a queda vertiginosa no consumo de peixe na Grã-Bretanha pode estar relacionada com o aumento dos índices de doenças cardíacas. Povos como os esquimós, que comem grandes quantidades de carne de foca, não têm doenças cardíacas.

Embora o peixe contenha proteína, ele não fornece fibras, e como a falta de fibras impede o funcionamento adequado do intestino, alguma forma de fibra deve ser acrescentada à refeição — como, por exemplo, frutas ou vegetais frescos, ou ambos.

Mingau de aveia

Tudo indica que a aveia é o novo alimento milagroso. Pelo menos isso é o que os médicos americanos andam dizendo. Eles descobriram que a aveia ajuda a controlar os níveis de açúcar e gordura no sangue. Por esse motivo, nos Estados Unidos o mingau de aveia está sendo recomendado para o tratamento de diabetes e, em alguns casos, de prevenção de diabetes, hipertensão e cardiopatia. A aveia contém uma substância viscosa — a betaglicana — perfeitamente perceptível durante o cozimento. Essa substância aparentemente reduz os níveis de colesterol em um terço, bem como o açúcar e as gorduras do sangue. O farelo de aveia é particularmente rico nesse material com base de fibra, e a aveia integral em flocos contém todas as suas fibras naturais. O Dr. James King, da Universidade de Kentucky, fala sobre o trabalho que está sendo realizado sobre a aveia: "Essa é a primeira vez que alguém demonstrou que determinado alimento é capaz de reduzir o colesterol da corrente sangüínea. Não é raro alguém chegar ao hospital com níveis séricos de colesterol de 300 mg/dl e sair com um nível de 195 mg/dl, que é relativamente seguro." Quando a fibra viscosa da aveia alcança o cólon, ela é fermentada pelas bactérias que produzem ácidos graxos. Esses ácidos são absorvidos pela corrente sangüínea e encerram a produção de açúcar do organismo (glicose), que é composto de amido e gorduras. Essa ação reduz e estabiliza o nível de açúcar no sangue, um resultado que, obviamente, é bastante benéfico para os diabéticos. De qualquer modo, sabe-se que a aveia produz energia e força. Esse novo trabalho ressalta o valor desse importante cereal para qualquer alimentação realmente saudável. De agora em diante, devemos olhar o mingau de aveia com o mesmo respeito de nossos antepassados, e talvez fôssemos muito mais saudáveis.

Fibra

O farelo é a mais rica fonte de todas as fibras alimentares. Uma alimentação rica em fibras, inclusive farelo, é altamente desejável, e atua como uma medida preventiva contra a diverticulite. Essa é uma doença do cólon, e sabe-se agora que a prisão de ventre é a sua causa subjacente; o farelo é usado com freqüência no tratamento da diverticulite. Qualquer substância alimentícia que retarda a absorção dos carboidratos pode ser benéfica ao organismo, e, nesse aspecto, a fibra alimentar é considerada um produto valiosíssimo. Um grande número de pessoas tem dificuldade para utilizar os carboidratos da alimentação na meia-idade. Essa dificuldade é causada por uma falha na produção de insulina do organismo. Sabe-se que a insulina controla o excesso de açúcar do sangue, que, se atingir um nível muito elevado, aparece na urina, e a pessoa é diagnosticada como portadora de diabetes. Um grupo estreitamente relacionado ao diabetes é o grupo classificado como tendo "intolerância à glicose". A falta de fibra na alimentação também pode produzir veias varicosas, em virtude da pressão abdominal causada pela força efetuada para a evacuação durante a prisão de ventre, e também hemorróidas, pela mesma razão. A fibra alimentar desempenha um papel muito importante na estabilização ou correção dessas doenças.

Uma alimentação rica em fibras para as crianças estimula a mastigação dos alimentos e ajuda a manter os dentes limpos. O velho ditado "uma maçã por dia mantém o médico longe" comprovou ser bastante sábio; a maçã realmente mantém afastado o médico, e o dentista também. Essa fruta é uma excelente fonte de fibra. Uma ingestão adequada de todos os nutrientes é essencial para a saúde, e essa ingestão deve ser maior nos períodos de crescimento, gestação, lactação e *stress*, como uma infecção. As quantidades exatas de fibras diferem de pessoa para pessoa, e dependem não apenas de fatores prontamente quantificáveis, como altura, peso e sexo, mas também do grau de atividade física durante todo o dia, do ritmo das atividades internas, como os batimentos cardíacos, e do clima.

Espero que o leitor esteja convencido de que uma alimentação saudável constitui a essência do bem-estar físico e perceba que, sem ela, o corpo adoecerá. "Mais vale prevenir que remediar" — diz o ditado — e é verdade! Quando o organismo, lamentavelmente, adoece, é necessário um esforço determinado para ajudá-lo a recuperar o estado de perfeita saúde que é seu direito inato. Em suma, uma alimentação diária voltada para uma vida sadia deve conter o seguinte:

Proteínas. A matéria da vida, encontrada em carnes, aves, peixes e lacticínios. A soja também é uma fonte valiosa de proteínas. No meu tratamento para artrite, em que defendo a eliminação de carnes vermelhas e lacticínios, recomendo uma ingestão diária de proteína isolada de soja.

Gorduras. Na forma de óleos poliinsaturados — óleo de milho, amendoim, etc. As plantas são as melhores fontes de gorduras poliinsaturadas.

Carboidratos. Para nos suprir de calor e energia; consumidos na forma de pães, batatas, arroz e massas.

Vitaminas, sais minerais e oligoelementos. Provenientes de diversas fontes, como já expliquei neste capítulo.

Fibras. Provenientes de maçãs, vegetais verdes, farelo e aveia.

Durante anos, usei na minha família o tratamento holístico de eliminação que mencionei anteriormente. Quando algum membro da família pegava uma gripe ou bronquite, eu tratava da seguinte forma, com excelentes resultados:

> Dois dias tomando apenas suco de laranja.
> Dois dias comendo apenas frutas frescas.
> No quinto dia, frutas frescas e meio copo de leite no café da manhã, almoço e no jantar.
> No sexto dia, eram introduzidos um pouco de pão integral e salada de folhas; daí em diante, a alimentação era retomada gradualmente.

Em caso de congestão pulmonar, um banho com sais de Epson é valioso. Esse banho descongestiona os pulmões e, como eu disse antes, é um excelente meio de eliminar o ácido úrico pela pele. O paciente consegue alívio imediato.

Dietas vegetariana e vegan

Muitos dos meus pacientes são vegetarianos ou verdadeiros vegans. Na minha opinião, as dietas vegetarianas e vegans são excelentes para a redução do colesterol sérico e das gorduras do corpo, ótimas para a redução do peso, o que, por sua vez, ajuda a evitar acidentes vasculares cerebrais, infartos e formação de cálculos renais. Os diabéticos também se beneficiam das dietas isentas de carne, pois o alto teor de fibras de uma dieta vegetariana diminui a absorção do açúcar no sangue, estabilizando, assim, os níveis séricos do açúcar.

A carne forma ácidos e contém muita gordura animal. Ela realmente contém proteína; mas como os animais são alimentados com todos os tipos de substâncias engordativas, antibióticos, etc., os ácidos residuais desses produtos estão contidos na carne. Frutas e vegetais frescos crus, castanhas, sementes, leguminosas e leite, entretanto, contêm todas as vitaminas, sais minerais e oligoelementos essenciais a uma boa alimentação, além das enzimas necessárias para a digestão dessas substâncias. São nesses alimentos que estão as maiores quantidades de todos esses fatores na sua forma mais facilmente acessível e digerível.

A proteína vegetal tem um alto valor biológico, por causa da sua alcalinidade e isenção de gorduras saturadas e colesterol. A proteína é composta por aminoácidos, e é a proporção e a qualidade desses aminoácidos que determinam se um alimento protéico tem valor ou não. A carne e outros alimentos de origem animal são proteínas de primeira classe, mas os aminoácidos dos vegetais e das frutas produzem um valor biológico mais elevado e, portanto, não são necessários nessas quantidades.

A carne pode conter até 25 por cento de gordura ou mais, bem como quantidades consideráveis de colesterol. Essa gordura saturada é difícil de ser digerida e processada pelo organismo.

Uma dieta rica em colesterol pode bloquear os vasos sangüíneos, assim como a dieta rica em gorduras saturadas. Vegetais, frutas, castanhas e sementes, por outro lado, contêm predominantemente gordura insaturada, e, ainda mais importante, fornecem os ácidos graxos essenciais que o organismo não pode produzir sozinho.

Por último, mas nem por isso menos importante, há o problema dos detritos metabólicos existentes na carne. A carne começa a entrar em putrefação no momento em que o animal é abatido, e esse processo prossegue até que ela se torna imprópria para o consumo. A carne que você come está em algum estágio de decomposição. Esse é o primeiro ponto. Em segundo lugar, na hora do abate, o medo do que está prestes a acontecer faz com que o animal extravase adrenalina para a corrente sangüínea. A adrenalina é tóxica e o organismo teria de eliminá-la; mas, nesse caso, não havia tempo. Em terceiro lugar, junto com a carne você consome vários antibióticos e medicamentos que foram dados ao animal e não foram eliminados. Finalmente, a carne e a maior parte dos alimentos de origem animal formam ácidos, e são esses ácidos que, ao se acumularem, causam problemas. Os vegetais, em contrapartida, têm uma reação predominantemente alcalina. Com base em todos esses argumentos, seria lógica a opção de se tornar vegetariano.

Não quero apresentar uma abordagem dogmática ao vegetarianismo — muitas pessoas teriam dificuldade para adotar esse tipo de alimentação. É por isso que a minha dieta para os pacientes artríticos inclui peixe, frango e carneiro. Na minha opinião, essas são as carnes menos tóxicas, e acho que vale a pena optar por um meio-termo. Quando pergunto aos vegetarianos que vão à minha clínica de onde eles obtêm a sua proteína, muitos têm uma noção bastante vaga do que deveriam consumir. Eles não comem carne e ponto final. Essa é uma situação preocupante e, creio, contribui para a exacerbação da artrite. A proteína deve constituir uma parte essencial da alimentação como fonte de energia, e também para a reposição da proteína perdida no desgaste da vida diária.

Outras excelentes fontes de proteína são leite, ovos, leguminosas e soja. O leite é praticamente a única forma de alimento de origem animal que contém quantidades suficientes de proteína, gordura, carboidrato e sal. Cada ovo, que contém o material necessário para formar um frango, contém também os elementos fundamentais para a formação dos ossos e dos músculos numa forma facilmente digerível. Em valor nutritivo, um ovo corresponde a aproximadamente 30 gramas de carne. As leguminosas, cujos principais representantes são ervilhas, vagens e lentilhas, têm sido chamadas de "carne de pobre", por serem muito baratas e terem pouca gordura (daí o hábito de comê-las junto com alimentos gordurosos). Todos os meus pacientes vegetarianos ingerem uma boa proteína de soja junto com seus suplementos. Isso fortalece seus músculos e alimenta todo o seu organismo. Todos os vegetarianos deveriam tomar o dobro da quantidade prescrita de proteína, para que não tenham carência desse valioso composto que ajuda no desenvolvimento da massa muscular.

5 Receitas para os portadores de artrite

O poder do pensamento positivo na cura de qualquer doença é incalculável, e a artrite não constitui uma exceção. Lembre-se sempre de desviar seus pensamentos do fato de ter artrite, e, em vez disso, pensar em obter boa saúde. Toda manhã, ao acordar, pense: "Este é outro dia, e terei outra oportunidade de fazer com que eu me sinta melhor." Imagine-se vendendo saúde e tente alcançar esse objetivo, principalmente por meio da alimentação.

Eliminar os ácidos da alimentação é uma medida saudável para toda a família, sobretudo para quem tem problemas de coração, pressão alta ou angina, porque uma alimentação isenta de ácidos é muito semelhante a uma dieta pobre em gordura, exceto pelo fato de que as frutas cítricas e os sucos de fruta são proibidos. Entretanto, existe toda uma gama de alimentos que você pode comer sem se sentir privado. Uma alimentação sadia certamente não precisa ser monótona.

Lembre-se de ficar longe das gorduras saturadas. Elas são muito fáceis de ser reconhecidas, pois continuam duras na temperatura ambiente — banha de porco, banha de vaca, manteiga, a gordura que a carne solta ao cozinhar, margarina dura e, obviamente, a gordura da carne.

A gordura existente no queijo, no creme de leite e no leite é exatamente a gordura contida na manteiga — é saturada. Os queijos cremosos e os queijos duros, com o Stilton e o Cheddar, são ricos em gordura, assim como o creme de leite e o creme *chantilly*. Biscoitos, tortas, bolos, cremes, molhos e sopas invariavelmente contêm um teor elevado de gordura. Algumas margarinas vegetais também são altamente saturadas e, portanto, antes de comprar, é bom ler o rótulo para ficar ciente do que os produtos contêm.

Eis algumas formas de reduzir o consumo de gordura saturada:

1. Elimine todos os lacticínios — manteiga, queijo, leite e creme de leite.
2. Use sempre leite desnatado ou leite em pó no chá, no café e em todas as receitas que levam leite.
3. Prefira sempre queijo *cottage*. Esse queijo é muito bom porque, embora a gordura tenha sido retirada, ele contém proteínas, vitaminas e sais minerais. Entretanto, um queijo *light* de vez em quando, talvez uma vez por semana, pode ajudar a sair da rotina.
4. Antes de cozinhar a carne, retire todas as gorduras visíveis.
5. Use margarina de girassol no lugar da manteiga.
6. Faça suas próprias tortas, bolos e biscoitos, usando margarina de girassol quando a receita pedir margarina dura ou manteiga.

7. Use óleo de girassol para assados e grelhados, para corar a carne e refogar vegetais, e também para preparar molhos e temperos.
8. Inclua um pouco de peixe oleoso no cardápio, mas lembre-se sempre de drenar o excesso de óleo dos peixes em conserva, como atum, sardinha e salmão, arenque e cavalinha, pois trata-se de óleo adicionado, e não do óleo poliinsaturado do próprio peixe.
9. Prefira castanhas ao natural ou torradas, mas não exagere nas castanhas de caju, no coco ou nos salgadinhos e amendoins salgados.

Muitos pacientes artríticos têm problemas cardíacos, hipertensão arterial, angina ou cálculos biliares, e essas pessoas devem ser aconselhadas a consumir apenas alimentos com baixo teor de colesterol. O colesterol é uma substância parecida com a gordura, não uma gordura verdadeira, encontrada em todos os alimentos de origem animal. Miúdos, rins, fígado, coração e gema de ovo são riquíssimos em colesterol. Mariscos, principalmente pitus e camarões, têm um alto teor de colesterol, assim como as ovas de peixe, e também os lacticínios integrais, como creme de leite e manteiga.

Os ovos não são uma boa alternativa para a carne e para o peixe, e três ovos por semana são uma quantidade adequada para as pessoas com qualquer tipo de alteração sangüínea. Lembre-se de contar todos os ovos que fazem parte dos pratos preparados — ou seja, em bolos, doces e molhos.

Pratos de forno são excelentes: o sabor dos ingredientes tem tempo para apurar e todos os traços de gordura podem ser retirados quando o prato estiver frio. Use vegetais de raiz batidos — cenouras, nabos, batatas — como espessantes; eles são muito menos nocivos que creme de leite ou gema de ovos.

Quando comer fora, peça pratos simples — fruta fresca é uma boa entrada, ou consomê. É melhor evitar sopas cremosas, patês, mariscos ou qualquer tipo de fritura. Frango, peixe ou carneiro são bons para o prato principal. Evite sempre frituras ou tortas — provavelmente serão preparadas com gordura saturada. Arremate a refeição com *sorbet* ou uma fruta. Um pouquinho de suspiro sem creme *chantilly* seria aceitável, ou uma salada de frutas frescas, mas não cítricas.

Uma salada de folhas todos os dias é o que há de melhor para o artrítico, com muita alface, cebolinhas, rabanete, pimentões verdes e vermelhos, chicória, salsão, cenoura ralada, repolho em tirinhas, etc. Acrescente um pouco de queijo *cottage* natural e você terá uma refeição deliciosa e saudável.

Não há necessidade de fazer mudanças radicais nos seus hábitos alimentares — apenas coma a maior quantidade de alimentos integrais e a menor quantidade de alimentos ácidos que puder, como o ácido tânico do chá e do café. Mude para chá de ervas e café descafeinado; se tiver de beber chá ou café, prepare fraco. É importantíssimo também evitar o ácido láctico, cujas principais fontes são a manteiga, o queijo, o leite e o creme de leite; e também, obviamente, o ácido cítrico contido nas frutas e nos sucos cítricos e, na verdade, em qualquer fruta ácida. Vale a pena comer os melhores alimentos; as pessoas hoje em dia estão começando a repensar seus hábitos alimentares e lendo os rótulos dos produtos.

Um bom café da manhã

Atendo diariamente na clínica um grande número de pacientes com problemas digestivos — hérnia de hiato, úlceras gástricas, diverticulite. Quando peço que façam um resumo da sua alimentação diária, invariavelmente respondem: "Nunca tomo café da manhã; pode ser que eu coma uma bolacha *cream cracker* e um pedacinho de queijo no almoço, mas sempre faço uma boa refeição à noite quando a família está reunida." O hábito de fazer uma refeição grande por dia, especialmente no jantar, está completamente errado. Essa é uma excelente forma de elevar a pressão arterial e aumentar as gorduras da corrente sangüínea. Um café da manhã rico em proteína interrompe a sensação de prostração, elevando os níveis de açúcar no sangue e mantendo a pessoa alerta e, conseqüentemente, produzindo uma boa quantidade de energia e uma sensação de ser capaz de enfrentar o *stress* e as tensões do dia. Um cereal integral com um pouco de frutas secas, leite desnatado ou em pó e um pouco de farelo é delicioso e satisfaz plenamente. Mais adiante neste capítulo, darei algumas sugestões para um café da manhã nutritivo. A alimentação é uma parte necessária da nossa vida, e é importantíssimo gostar do que comemos. Vale a pena levantar uma hora mais cedo. Isso retira a tensão do começo do dia e nos dá mais tempo para sentar e curtir o café da manhã, mastigando bem os alimentos sem ter de ficar de olho no relógio. Obviamente, uma refeição composta por alimentos integrais elimina as calorias "vazias" (ou seja, as que compõem a gordura) e supre o organismo com o que ele precisa para queimar o excesso de gordura. É preciso autodisciplina para fazer mudanças nos hábitos alimentares, mas as recompensas são muitas.

Muita gente toma uma xícara de chá atrás da outra pela manhã, mas como o chá estimula a secreção de sucos gástricos, deve ser evitado por quem sofre de úlceras gástricas. O excesso de chá atrasa a digestão de amido no estômago; além disso, obviamente, ele contém muito ácido tânico e, para a artrite em particular, isso é bastante indesejável.

O café contém uma substância chamada cafeína que, na minha opinião, é um estímulo artificial para o coração. Ela dilata os vasos sangüíneos na pele, de modo que as pessoas que têm algum tipo de inflamação cutânea devem evitar o café por completo. Quem tem glaucoma não deve tomar café, porque ele afeta os vasos sangüíneos nos olhos. É comum as pessoas ficarem viciadas em café; tive uma paciente, não faz muito tempo, que tomava nove xícaras de café forte por dia — e que me olhou horrorizada quando eu lhe disse para cortar o café. Ela falou que a sua marca preferida tinha acabado uma semana antes, e que começou a ter tremores, febre, enxaqueca, irritabilidade e nervosismo. Ela não conseguia ir para a cama sem pedir um pouco de café emprestado para uma amiga — então se recuperava e os sintomas desapareciam. O café moído contém cerca de 150 mg de cafeína; o café solúvel contém cerca de 90 mg. Sempre aconselho meus pacientes a mudar para o café descafeinado, que contém apenas 3 mg, e também a tomar chás de ervas, que são bastante inofensivos e representam uma excelente alternativa.

Nas páginas seguintes, você encontrará uma variedade de opções para o café da manhã que podem ser adotadas com segurança pelos portadores de artrite. Coloco o mingau de aveia em primeiro lugar — um alimento natural e ainda por cima um dos mais baratos; porém, um dos alimentos mais saudáveis e balanceados tanto para crianças quanto para adultos. Fácil de preparar, o mingau de aveia é uma boa forma de começar o dia para o paciente artrítico.

Nas receitas apresentadas a seguir, use leite desnatado ou em pó. No caso de margarina, use sempre margarina de girassol ou margarina vegetal feita com óleos poliinsaturados.

Café da manhã básico

Para fazer o mingau de aveia, coloque uma xícara cheia de aveia numa panela contendo três xícaras de leite ou água. Adicione uma colher de chá de sal e deixe ferver, misturando sem parar; em seguida, cozinhe em fogo baixo por 4 minutos, mexendo de vez em quando. O mingau está pronto para ser servido. Se quiser, misture uma ou duas colheres de melaço.

Gemas de ovo contêm um teor elevado de colesterol e, portanto, seu consumo deve ser restringido a dois ou três por semana. Prefira outras alternativas para o café da manhã. Uma boa idéia é um copo de suco de maçã, ou um pouco de suco de maçã cozido com musli, seguido por alguns pãezinhos integrais, torradas ou *muffins* integrais com margarina poliinsaturada ou mel. Uma opção gostosa para o café da manhã é um potinho de iogurte desnatado e fruta fresca da estação.

Café da manhã radiante

4 colheres (sopa) de aveia em flocos
1 banana cortada em rodelas
1 colher (sopa) de mel
1 colher (chá) de óleo de girassol
60 g de uva passa branca sem semente
30 g de amêndoas picadas
Leite desnatado

Modo de fazer: Misture todos os ingredientes e sirva com leite desnatado. Rendimento, duas pessoas.

Muffins integrais

120 g de farinha de trigo integral
2 colheres (chá) de fermento em pó
1/2 colher (chá) de sal marinho
90 g de farelo de trigo
1 colher (sopa) de germe de trigo
15 g de açúcar mascavo
1 ovo grande
Aproximadamente 250 ml de leite desnatado
4 colheres (sopa) de óleo de girassol

Modo de fazer: Unte com óleo doze forminhas fundas de empada. Coloque os ingredientes secos numa tigela. À parte, bata o ovo com o leite e o óleo. Junte aos ingredientes secos e misture bem para incorporar. Encha as forminhas com a massa e asse em forno quente (200°C) por 25 a 30 minutos. Sirva quente, se preferir, com margarina e mel.

Musli de mel

2 colheres (sopa) de aveia em flocos
1 maçã ralada
1 colher (sopa) de mel
1/2 xícara de iogurte natural ou leite desnatado
Castanhas picadas

Modo de fazer: Misture todos os ingredientes e sirva imediatamente. Rende duas porções. A aveia pode ser substituída por outros cereais; se quiser, pode acrescentar triguilho, cevada em grão, germe de trigo, sementes de girassol, uvas passas ou fatias de banana.

Bolinhos de aveia

60 g de aveia em flocos
30 g de farinha de trigo comum
1/2 colher (chá) de bicarbonato de sódio
250 ml de leite desnatado
1 ovo
1 colher (chá) de mel claro
Óleo de milho para fritar

Modo de fazer: Misture todos os ingredientes secos e junte o ovo batido com o mel. Adicione o leite aos poucos, mexendo bem. Aqueça um pouco de óleo numa frigideira e coloque colheradas de massa bem espaçadas. Frite em fogo médio. Quando a parte de cima estiver firme e a parte de baixo estiver corada, vire e deixe dourar do outro lado. Sirva quente com margarina vegetal poliinsaturada e mel. Esses bolinhos são uma boa variação para a costumeira torrada matinal. Rende 18 a 20 bolinhos.

Salada de frutas

1 maçã picada
1 banana em rodelas
Uvas
1 latinha de pêssegos ou peras no próprio suco (e não em calda)

Modo de fazer: Junte todos os ingredientes e sirva acompanhado de torradas de pão integral com margarina.

Creme de ovos

1 e 1/2 xícara de leite desnatado
1 colher (sopa) de mel
2 ovos
Essência de baunilha

Modo de fazer: Bata os ovos e o mel, adicione o leite e a baunilha. Despeje num refratário levemente untado com margarina e cozinhe em banho-maria até ficar consistente. Sirva com torrada de pão integral.

Rolinhos de ovos

2 ovos
15 g de margarina
1 colher (sopa) de leite desnatado
Molho inglês
Fatias finas de pão integral com margarina
Uma pitada de pimenta-do-reino e de sal marinho

Modo de fazer: Derreta a margarina numa panela pequena. Coloque os ovos batidos com o molho inglês, sal e pimenta-do-reino e misture sem parar. Retire a casca das fatias de pão integral e espalhe sobre elas os ovos mexidos. Enrole as fatias de pão e coloque-as sob o *grill* do forno até ficarem coradas por igual, o que leva de 3 a 5 minutos.

Ovos recheados de cogumelos

3/4 de xícara de cogumelos picados
2 colheres (chá) de salsinha
4 ovos duros (cortados ao meio no sentido do comprimento)
120 g de queijo *cottage*
Molho inglês
Margarina

Modo de fazer: Refogue o cogumelo e a salsinha num pouquinho de margarina. Remova as gemas dos ovos cozidos, amasse-as e misture com os cogumelos refogados. Adicione o molho inglês e tempere a gosto. Recheie as claras com essa pasta e arrume os ovos recheados num pirex untado. Cubra com queijo *cottage* e coloque sob o *grill* preaquecido do forno por 5 a 10 minutos.

Ninhos fofos de ovos

6 ovos
6 torradas de pão integral quentes com margarina
Sal marinho e pimenta-do-reino

Modo de fazer: Primeiro faça as torradas. Em seguida, separe as claras, deixando as gemas reservadas na própria casca. Tempere as claras e bata até formar picos firmes. Empilhe as claras batidas nas bordas das torradas e coloque uma gema no centro de cada uma. Tempere novamente. Asse sob o *grill* preaquecido do forno até que as gemas estejam firmes e as claras, levemente douradas. Sirva num prato aquecido e enfeite com salsinha. Rende 6 porções.

Cogumelos grelhados

Cogumelos frescos
Torradas de pão integral com margarina
Pimenta-do-reino e sal marinho
Noz-moscada

Modo de fazer: Lave os cogumelos, removendo a pele e os talos. Pincele com margarina e tempere com sal, pimenta-do-reino e noz-moscada. Coloque sob o *grill* preaquecido do forno, com a parte côncava do chapéu virada para cima. Asse por 8 a 10 minutos. Sirva com as torradas.

Rolinhos de salsicha de peru

8 salsichas de peru
Margarina
8 fatias finas de pão integral

Modo de fazer: Lave as salsichas. Retire a casca do pão, passe margarina e enrole uma salsicha em cada fatia, com o lado da margarina para dentro. Coloque sob o *grill* do forno e deixe dourar por igual. Este prato pode ser servido com ovos mexidos ou cogumelos.

Salsichas de peru recheadas

10 salsichas de peru
10 fatias bem finas de fígado de carneiro
Margarina derretida
2 xícaras de farinha de rosca integral
1 cebola pequena
Uma pitada de sal e de pimenta-do-reino
2 colheres (chá) de sálvia

Modo de fazer: Misture a farinha de rosca, a cebola batidinha, a sálvia, o sal e a pimenta-do-reino e ligue com margarina derretida. Corte as salsichas no sentido longitudinal e espalhe sobre elas o recheio. Enrole cada salsicha numa fatia finíssima de fígado de carneiro e prenda com um palito. Asse sob o *grill* preaquecido do forno por uns 10 minutos, virando conforme a necessidade. Sirva imediatamente.

Manteiga com mel

120 g de margarina
4 colheres (sopa) rasas de mel

Modo de fazer: Bata a margarina até que ela fique cremosa. Acrescente o mel aos poucos e continue batendo até obter um creme leve e fofo. Conserve num vidro hermeticamente fechado e use para passar no pão, em torradas ou bolachas integrais. Se quiser, pode acrescentar castanhas picadas ou uvas passas.

Pasta de mel e gengibre

120 g de manteiga com mel (veja a receita anterior)
2 colheres (sopa) rasas de gengibre em conserva picado
2 colheres (sopa) rasas de amêndoas torradas e picadas

Modo de fazer: Junte o gengibre e as amêndoas à manteiga com mel e misture bem. Sirva com pão ou torrada integral.

PRATOS DE PEIXE GRELHADO

Carpa

1 carpa de 1 kg a 1,5 kg
1/3 de xícara de óleo de girassol
Uma pitada de sal marinho
Pimenta-do-reino
Salsinha para enfeitar

Modo de fazer: Limpe a carpa e retire as escamas. Abra o peixe e deixe marinar no óleo por 15 minutos. Asse sob o *grill* preaquecido do forno por cerca de 20 minutos, virando apenas uma vez. Tempere com sal e pimenta-do-reino e sirva enfeitado com salsinha.

Bacalhau com azeitonas

1/2 kg de filé de bacalhau fresco
30 g de margarina
Farinha de rosca integral
1 ovo
Azeitonas

Modo de fazer: Lave o bacalhau e corte-o em pedaços pequenos; passe no ovo e na farinha de rosca. Arrume num pirex e salpique pedacinhos de margarina. Asse sob o *grill* preaquecido do forno por cerca de 10 minutos. Guarneça com azeitonas e sirva.

Bacalhau com cogumelos

1 filé de bacalhau de 1/2 kg
60 g de cogumelos
Sal marinho e pimenta-do-reino
15 g de margarina
250 g de purê de batata cremoso
Salsinha

PARA O MOLHO

120 ml de caldo
15 g de margarina
15 g de farinha de trigo integral

Modo de fazer: Prepare o bacalhau e corte-o em pedaços pequenos. Coloque num refratário untado e tempere com sal e pimenta-do-reino. Acrescente o cogumelo picado. Cubra o peixe com o caldo e salpique com pedacinhos de margarina. Asse em forno moderado (190ºC) por cerca de 30 minutos. Coe o líquido e use-o para fazer um molho básico com a margarina e a farinha. Tempere a gosto. Distribua purê de batatas em volta da travessa com a ajuda de um saco de confeitar. Coloque sob o *grill* quente do forno por 10 a 15 minutos para corar. Sirva enfeitado com salsinha.

Hadoque grelhado

1 hadoque de tamanho médio
30 g de margarina
15 g de farinha de trigo integral
Sal e pimenta-do-reino

Modo de fazer: Lave e apare o peixe. Pincele o hadoque com margarina derretida e passe na farinha de trigo temperada. Asse sob o *grill* preaquecido do forno por 15 minutos, virando uma vez. Sirva num prato aquecido enfeitado com salsinha.

Lagosta recheada

1 lagosta de tamanho médio
120 ml de molho branco
2 torradas redondas
Azeite de oliva
90 g de queijo *cottage*

Modo de fazer: Faça um corte na parte de baixo da lagosta, desde a cabeça até a cauda. Remova a carapaça mole sob a cauda e abra a lagosta o máximo possível. Remova as tripas e jogue fora. Retire a carne das garras. Corte a carne em pedaços e misture com 2 colheres de sopa de molho branco, temperando a gosto com sal e pimenta-do-reino. Lave bem a carapaça e unte com óleo. Coloque a mistura dentro da carapaça e cubra com queijo *cottage*. Grelhe até dourar bem. Arrume a lagosta recheada no centro de uma travessa oval e enfeite com triângulos de torrada.

Salmão grelhado

Fatias de salmão fresco
Óleo de milho
Cheiro-verde picadinho
Margarina
1 ou 2 filés de anchova

Modo de fazer: Coloque as fatias de salmão temperadas para marinar por mais ou menos uma hora numa mistura de óleo de milho e cheiro-verde. Escorra bem e pincele os dois lados com margarina derretida. Grelhe por aproximadamente 10 minutos. Vire as fatias e grelhe por mais 5 minutos. Cubra com os filés de anchova e deixe cozinhar por mais uns 5 minutos. Sirva acompanhado de purê cremoso de batatas e ervilhas.

Peixe de verão

4 postas de bacalhau
1 colher (sopa) de vinagre de maçã

PARA O MOLHO

180 g de cogumelos picados
4 colheres (sopa) de iogurte natural
60 g de queijo *cottage*
Sal e pimenta-do-reino
Salsinha e rodelas de pepino para guarnecer

Modo de fazer: Coloque o bacalhau num pirex e regue com o vinagre de maçã. Cozinhe no centro do forno preaquecido a 180°C por 20 a 25 minutos. Misture todos os ingredientes do molho e despeje sobre as postas. Guarneça com rodelas de pepino e salsinha. Sirva com mini[illegible]as passadas na margarina e salada.

Linguado com maçã

4 filés de linguado sem pele
15 g de margarina
1 colher (sopa) de vinagre de maçã
Salsinha para enfeitar

PARA O RECHEIO

1 maçã pequena descascada e fatiada
1 pimentão verde pequeno, sem sementes, cortado ao meio
120 g de queijo *cottage*
Pimenta-do-reino

Modo de fazer: Pique a metade da maçã e do pimentão (fatie o restante para enfeitar). Junte todos os ingredientes do recheio. Distribua um pouco sobre cada filé e enrole-os. Arrume os rolinhos num refratário e salpique com pedacinhos de margarina. Regue com o vinagre e tampe. Asse no centro do forno preaquecido a 190°C por 40 minutos. Enfeite com salsinha e fatias de pimentão e maçã. Sirva acompanhado de vagem e minibatatas passadas na margarina.

Truta recheada com amêndoas

4 trutas de tamanho médio, limpas e evisceradas

PARA O RECHEIO

90 g de margarina
1 cebola pequena batidinha
120 g de farinha de rosca integral
60 g de uva passa
1 colher (sobremesa) de vinagre de maçã
2 talos de salsão picados
2 colheres (sopa) de salsinha picada
60 g de amêndoas em lascas
Sal marinho e pimenta-do-reino preta moída na hora
Salsinha para enfeitar

Modo de fazer: Lave a truta em água fria e depois seque. Derreta 30 g de margarina e frite levemente na margarina a cebola até que fique macia, mas não corada. Numa tigela, junte a farinha de rosca, as uvas passas, a cebola, o vinagre de maçã, o salsão, a salsinha e 15 g de amêndoas e misture muito bem. Tempere e recheie as trutas com essa mistura. Coloque as trutas numa assadeira forrada com papel-alumínio. Salpique o restante da margarina e polvilhe as amêndoas em lascas. Cubra com papel-alumínio e asse em forno preaquecido a 180°C por mais ou menos 1 hora ou, dependendo do tamanho da truta, até que a carne esteja macia. Arrume sobre uma travessa e enfeite com salsinha. Sirva com batatas cozidas passadas na margarina e uma verdura.

Salada de peixe e macarrão

360 g de hadoque defumado, cozido, desossado e desfeito em lascas
120 g de vagem cozida
180 g de macarrão conchinha cozido em água levemente salgada por 13 minutos e escorrido
120 g de cogumelos lavados e fatiados
2 colheres (sopa) de salsinha

PARA O MOLHO

4 colheres (sopa) de óleo de girassol
2 colheres (sopa) de vinagre de maçã
1/2 colher de chá de mostarda em pó
Uma pitada de açúcar demerara
Sal e pimenta-do-reino

Modo de fazer: Coloque todos os ingredientes do molho numa jarra com tampa de rosca e agite por alguns segundos até que fiquem bem misturados. Misture todos os ingredientes da salada e regue com o tempero.

Pizza de cavalinha

PARA A BASE

30 g de margarina
60 g de farinha de trigo integral
60 g de farinha de trigo comum peneirada
1/2 colher de chá de fermento em pó
1/2 colher de chá de sal marinho
1/2 colher de chá de ervas aromáticas mistas
1 ovo grande
1 colher (sopa) de leite

PARA A COBERTURA

15 g de margarina
1 cebola picadinha
90 g de cogumelos aparados e picados
1 lata de 240 g de cavalinha, escorrida e desfeita em lascas
Uma pitada de orégano
90 g de queijo *cottage*
Rodelas de azeitonas verdes para enfeitar

Modo de fazer: Junte todos os ingredientes para a base numa vasilha e mexa com uma colher de pau. Transfira a massa para uma superfície levemente enfarinhada e sove com delicadeza. Abra um disco de 8 ou 9 cm de diâmetro e forre uma assadeira. Derreta a margarina e refogue a cebola e o cogumelo. Acrescente o peixe e o orégano e distribua sobre a base da pizza. Salpique queijo *cottage* por cima e enfeite com as azeitonas. Asse em forno quente a 200°C por 20 a 25 minutos. Sirva quente ou fria acompanhada com salada de folhas.

Patê de arenque defumado

2 arenques
120 g de coalhada
Uma pitada de pimenta-de-caiena
Sal marinho e pimenta-do-reino preta
1 colher (sopa) de iogurte natural

Modo de fazer: Cozinhe os peixes na água por 5 a 6 minutos e deixe esfriar ligeiramente no líquido. Remova a pele e os espinhos. Coloque a carne do peixe no liqüidificador junto com os outros ingredientes e bata até obter uma mistura homogênea. Transfira para uma travessa e sirva com torradas de pão integral com margarina.

PRATOS DE CARNE

Ao comprar carne, escolha a mais magra e, antes de preparar, retire toda a gordura visível; não há necessidade de comprar cortes caros. Use óleo de girassol para dourar a carne e os vegetais.

Espetinhos de carneiro

360 g de carneiro, limpo e cortado em cubos de 4 cm
120 g de cogumelos
1 pimentão verde, sem sementes, cortado em cubos
8 folhas de louro (opcional)
Óleo de girassol

Modo de fazer: Arrume os cubos de carne de carneiro, os cogumelos, os pimentões e as folhas de louro em quatro espetos compridos. Pincele os espetos com óleo e coloque sob o *grill* preaquecido do forno durante 10 a 12 minutos, virando e pincelando regularmente. Sirva com arroz e salada mista.

Ensopado de carneiro

60 g de margarina clarificada
2 cebolas batidinhas
1 dente de alho amassado
1 pedaço e meio de gengibre sem pele e picado
1 colher (chá) de cúrcuma
1 colher (sopa) de coentro em pó
1/4 de colher (chá) de pimenta calabresa moída
1 colher (chá) de cominho em pó
1 colher (sopa) de sementes de cardamomo esmagadas
1/2 colher (chá) de cravo moído
1 kg de carne de carneiro cortada em cubos
450 ml de água
1 colher (chá) de sal marinho
2 folhas de louro
1/2 kg de batatas pequenas lavadas

Modo de fazer: Derreta a margarina numa panela grande e refogue a cebola e o alho até dourar bem. Junte o gengibre, a cúrcuma, o coentro, a pimenta, o cominho, o cardamomo e o cravo. Refogue por 4 minutos, mexendo sempre. Se o caldo secar, adicione uma ou duas colheres de água. Acrescente os cubos de carne e refogue até dourarem por igual. Coloque a água, o sal e as folhas de louro e deixe ferver. Quando começar a borbulhar, reduza a chama e cozinhe por cerca de 75 minutos. Adicione as batatas e deixe ferver novamente. Tampe e cozinhe em fogo baixo por mais 45 minutos ou até que a carne esteja bem cozida e macia. Transfira para uma travessa aquecida e sirva imediatamente. Rende de quatro a seis porções.

Kafta de carneiro à moda indiana

1 cebola média picada
3 dentes de alho amassados
1 pedaço e meio de gengibre picado
2 pimentas-malaguetas verdes picadinhas
2 colheres (sopa) de coentro fresco picado
3 colheres (sopa) de iogurte natural
1/2 colher de chá de cúrcuma
1 colher (sopa) de vinagre de maçã
1 colher de chá de sal marinho
15 g de miolo de pão
1 1/2 kg de carne de carneiro moída
15 g de margarina derretida
Rodelas de pepino para guarnecer

Modo de fazer: Misture todos os ingredientes, exceto o pepino, numa tigela grande. Sove até que os ingredientes estejam bem misturados e a mistura esteja firme. Deixe descansar por 30 minutos. Preaqueça o *grill* do forno na temperatura alta. Unte levemente doze espetos com um pouco da margarina derretida. Pegue pequenas porções da mistura de carne e molde com a mão em volta do espeto. Ponha os espetos numa fôrma com grelha e pincele-os com margarina. Grelhe por 5 minutos. Vire, pincele a margarina restante e grelhe por mais 5 minutos. Arrume os espetos sobre um leito de arroz e guarneça com as rodelas de pepino. Sirva imediatamente.

Costeletas de carneiro à Maryland

1 xícara e meia de leite desnatado
1/4 de xícara de farinha de trigo temperada
4 costeletas magras de carneiro
1 ovo levemente batido com uma colher (chá) de água
1 xícara e meia de pão integral ralado
8 colheres (sopa) de margarina
3 colheres (sopa) de óleo de girassol
1/2 colher (chá) de mel
2 colheres (sopa) rasas de farinha de trigo integral

Modo de fazer: Coloque 4 colheres de sopa de leite num prato fundo e a farinha de trigo temperada num prato raso. Mergulhe as costeletas no leite, depois na farinha e chacoalhe para retirar qualquer excesso. Deixe descansar por 10 minutos para secar um pouquinho. Mergulhe uma costeleta por vez no ovo e depois no pão ralado, retirando o excesso. Derreta 6 colheres de sopa de margarina junto com o óleo numa frigideira e refogue as costeletas em fogo baixo, virando de vez em quando, por 20 minutos ou até que estejam bem cozidas. Escorra em papel-toalha, tampe e mantenha as costeletas aquecidas enquanto prepara o molho. Derreta o restante da margarina numa panela. Adicione o mel, mexendo, até que a mistura fique ligeiramente caramelizada. Junte a farinha de trigo integral e cozinhe por 1 minuto, mexendo sem parar. Tire a panela do fogo e adicione o restante do leite aos poucos. Volte a panela ao fogo e cozinhe, mexendo sempre com uma colher de pau, por 2 ou 3 minutos ou até que o molho esteja espesso e liso. Arrume as costeletas de carneiro numa travessa sobre um leito de arroz e despeje por cima o molho. Sirva com banana frita ou milho verde e pimentão vermelho ligeiramente refogados.

Paleta de carneiro

1 colher (sopa) de óleo
1 kg de paleta de carneiro desossada e sem gordura
1 cebola grande fatiada
1 pimentão vermelho, sem sementes, cortado em rodelas
250 ml de água
1 cubo de caldo de galinha amassado
180 g de batatas cortadas em cubos
240 g de ervilhas congeladas

Modo de fazer: Aqueça o óleo numa panela grande e doure a paleta por igual. Transfira a carne para um prato. Refogue a cebola e o pimentão na mesma panela até ficarem macios. Volte a carne à panela, colocando-a no centro dos vegetais. Dissolva o caldo de galinha na água e despeje sobre a carne. Deixe ferver, tampe e cozinhe em fogo baixo por uma hora. Adicione a batata e a ervilha, deixe ferver novamente, complete com um pouco mais de água e cozinhe por mais 15 minutos. Sirva o carneiro fatiado com os vegetais e o molho da carne. Rende quatro porções.

Carneiro com molho de iogurte

3 bifes de carneiro
3 colheres (sopa) de mel claro
3 colheres (sopa) de hortelã picadinha
1 colher (sopa) de vinagre de maçã

PARA O MOLHO

120 ml de iogurte natural
1 colher (sopa) de mel claro
1 colher (sopa) de salsinha picada
1 colher (sopa) de hortelã picada

Modo de fazer: Coloque a carne num prato. Misture a hortelã, o mel e o vinagre de maçã, despeje sobre a carne e deixe marinar por 2 horas. Grelhe na chama alta por uns 10 minutos de cada lado, regando de vez em quando com o líquido da marinada. Misture os ingredientes do molho e sirva com a carne. Este prato fica excelente com salada de folhas.

Bifes de carneiro com pimentão

4 colheres (sopa) de margarina
1 dente de alho amassado
Sal marinho e pimenta-do-reino a gosto
250 g de bifes de carneiro cortados em tiras
4 colheres (sopa) de molho de soja
2 colheres (chá) de açúcar demerara ou mel
180 g de broto de feijão
2 pimentões verdes, sem sementes, cortados em rodelas finas
1/2 colher (sopa) de maisena misturada com 2 colheres (sopa) de água
4 cebolinhas verdes picadas

Modo de fazer: Derreta a margarina numa frigideira grande. Refogue o alho com o sal e a pimenta-do-reino por 30 segundos. Junte as tiras de carne de carneiro e refogue por mais 3 minutos. Aumente a chama. Adicione o molho de soja e o açúcar ou mel, tampe e cozinhe por mais 5 minutos. Destampe a panela, junte o broto de feijão e o pimentão e cozinhe em fogo baixo por 5 minutos. Adicione a maisena misturada com água e mexa até engrossar. Transfira para uma travessa aquecida, polvilhe cebolinha e sirva imediatamente. Rende quatro porções.

Bifes de carneiro com vegetais

1/4 de xícara de óleo de gergelim
1 alho-poró em fatias finas
1 pimentão verde, sem sementes, cortado em rodelas finas
60 g de cogumelos fatiados
120 g de broto de feijão
2 colheres (sopa) de molho de soja
2 bifes finos de carneiro

Modo de fazer: Aqueça a metade do óleo numa frigideira grande ou panela *wok*. Refogue o alho-poró, o pimentão e o cogumelo por 3 minutos. Acrescente o broto de feijão e o molho de soja e refogue por mais um minuto. Transfira tudo para uma travessa e mantenha aquecido. Esquente o restante do óleo e frite os bifes por cerca de 5 minutos de cada lado, até que fiquem bem passados. Arrume os bifes na travessa sobre os vegetais e sirva imediatamente. Rende duas porções.

Fígado de carneiro acebolado

30 g de margarina
2 colheres (sopa) de azeite de oliva
3 cebolas em rodelas finas
750 g de fígado de carneiro cortado em tiras
Sal marinho e pimenta-do-reino a gosto
Salsa picadinha

Modo de fazer: Derreta a margarina com o óleo numa frigideira grande e funda. Abaixe o fogo e refogue a cebola por 15 a 20 minutos, mexendo de vez em quando ou até que estejam bem macias. Enquanto isso, tempere as tiras de fígado com sal e pimenta-do-reino. Adicione o fígado à panela, ajuste a chama para o fogo médio e refogue por 4 a 6 minutos, mexendo de vez em quando, ou até que estejam bem cozidos e macios. Depois de pronto, transfira para uma travessa aquecida e polvilhe salsinha. Sirva imediatamente.

PRATOS DE FRANGO

Frango com estragão

8 colheres (sopa) de margarina
Sal marinho e pimenta-do-reino
4 colheres (sopa) de estragão fresco picado
1 frango inteiro
6 raminhos de estragão

Modo de fazer: Preaqueça o forno a 190°C. Misture a margarina, o sal, a pimenta-do-reino e o estragão picado e aqueça até formar uma pasta mole. Recheie o frango com metade dessa mistura e prenda com um espeto. Ponha o frango numa assadeira e espalhe o restante da mistura de manteiga na área do peito. Leve ao forno e asse por 30 minutos de cada lado. Reduza a temperatura do forno para 180°C. Vire o frango e unte bem com margarina derretida. Asse por mais 30 minutos ou até que esteja bem cozido. Retire a assadeira do forno e transfira o frango para uma travessa aquecida. Regue com os sucos do cozimento, enfeite com raminhos de estragão e sirva imediatamente. Rende seis porções.

Frango à moda espanhola

1/4 de xícara de azeite de oliva
2 kg de frango cortado em pedaços
2 cebolas médias em rodelas finas
1 dente de alho amassado
1 pimentão vermelho grande, sem sementes, picado
1 lata de 420 g de corações de alcachofra escorridos
2 xícaras de caldo de galinha
Sal marinho e pimenta-do-reino a gosto
1/4 de colher (chá) de pimenta-de-caiena
1/2 colher (chá) de estigmas de açafrão embebidos em 1 colher (sopa) de água
16 azeitonas recheadas cortadas ao meio
1/2 colher (sopa) de margarina misturada com 1 colher e meia (sopa) de farinha de trigo

Modo de fazer: Preaqueça o forno em temperatura moderada (180°C). Esquente o óleo numa frigideira grande e funda e refogue os pedaços de frango até dourarem por igual. Transfira os pedaços de frango para um refratário que possa ir ao fogo. Refogue, na mesma frigideira, a cebola, o alho e o pimentão até ficarem macios. Acrescente os corações de alcachofra e refogue por mais 2 minutos. Junte o caldo de galinha, a pimenta-de-caiena e o açafrão e tempere a gosto com sal e pimenta-do-reino. Deixe ferver, mexendo de vez em quando. Despeje a mistura sobre os pedaços de frango. Leve o refratário ao forno por 1 hora ou até que os pedaços de frango estejam bem cozidos e macios. Retire do forno e transfira os pedaços de frango para uma travessa aquecida. Coloque as azeitonas no refratário e leve ao fogo para ferver novamente. Junte a margarina com a farinha de trigo e deixe engrossar. Despeje sobre o frango e sirva.

Frango Patrick

1 colher (sopa) de vinagre de maçã
1 xícara de frango cozido e cortado em cubos
1/2 xícara de cogumelos passados levemente na margarina
1/4 de xícara de pimentão em conserva cortado em cubos
1 gema
3 colheres (sopa) de margarina
3 colheres (sopa) de farinha de trigo integral
1 xícara e meia de caldo de galinha
Sal marinho e pimenta-do-reino a gosto

Modo de fazer: Derreta a margarina numa panela, junte a farinha de trigo e misture bem. Despeje lentamente o caldo de galinha. Quando a mistura estiver lisa e borbulhante, coloque o frango, o cogumelo e o pimentão, reduza a chama e adicione uma gema de ovo ligeiramente batida. Tempere com sal e pimenta-do-reino e acrescente o vinagre de maçã. Sirva sobre um leito de arroz.

Frango frito

1 frango cortado nas juntas
1 ovo
1 colher (sopa) de água
1 xícara de farinha de rosca
300 ml de óleo de milho
1/2 colher (chá) de farinha de trigo integral temperada com páprica, sal marinho e tempero pronto granulado
250 g de cogumelos
2 bananas
Alface

Modo de fazer: Preaqueça o forno a 180°C. Esquente o óleo numa panela funda. Passe os pedaços de frango na farinha de trigo temperada até que fiquem bem encobertos. Coloque a farinha de rosca num prato. Bata o ovo com a água. Passe os pedaços de frango no ovo e, em seguida, na farinha de rosca. Quando o óleo estiver fervendo, frite os pedaços de frango, dois ou três de cada vez, até ficarem dourados por igual. Ponha os pedaços de frango fritos numa assadeira com 250 g de margarina derretida e leve ao forno até que fiquem macios, por pelo menos 1 hora e meia. Depois de pronto, arrume os pedaços de frango na travessa. Sirva com bananas e cogumelos fritos e enfeite com alface cortada em tirinhas.

Galantina de frango e castanha

1 frango médio inteiro
250 ml de água
Uma pitada de sal marinho
Pimenta-do-reino preta moída na hora
120 g de castanhas picadas
60 g de pão integral ralado
2 ovos batidos
2/3 de xícara de caldo de galinha

Modo de fazer: Desosse todo o frango e reserve. Coloque os ossos e os miúdos numa panela com água e sal e pimenta-do-reino a gosto. Tampe e cozinhe em fogo brando por 1 hora. Moa a carne do frango junto com os miúdos e adicione as castanhas e o pão ralado. Junte os ovos e o caldo de galinha e tempere a gosto com sal e pimenta-do-reino. Pressione a mistura numa fôrma de bolo inglês bem untada e cubra com papel-alumínio também untado. Coloque a fôrma numa assadeira contendo um pouco de água fria. Leve ao forno moderado (180°C) e asse durante 1 hora e quinze minutos a 1 hora e meia. Deixe esfriar. Sirva frio com salada, ou então leve em piqueniques ou use em almoço para viagem.

Frango à moda normanda

1 colher de sopa de óleo de milho
1/2 xícara de margarina
1,5 kg de frango cortado em pedaços
3 cebolas miúdas em rodelas finas
30 g de farinha de trigo integral
2 xícaras de vinagre de maçã
1/2 xícara de caldo de galinha
1/2 colher (chá) de sálvia desidratada
1/2 colher (chá) de tomilho desidratado
Sal marinho
Pimenta-do-reino preta moída na hora
1/2 kg de maçãs doces descascadas,
sem miolo e cortadas em fatias grossas

Modo de fazer: Aqueça o óleo e metade da margarina numa frigideira e refogue os pedaços de frango até ficarem dourados por igual. Retire os pedaços de frango e transfira para um pirex com tampa. Refogue a cebola na gordura que sobrou na frigideira, junte a farinha de trigo e mexa sem parar até dourar. Adicione aos poucos o vinagre de maçã, o caldo de galinha, a sálvia e o tomilho e deixe ferver, mexendo sempre. Cozinhe até que o molho esteja espesso, tempere a gosto com sal e pimenta-do-reino e despeje sobre o frango. Tampe o pirex e leve ao forno preaquecido a 180°C por 1 hora ou até que o frango esteja macio. Enquanto isso, derreta a margarina restante numa panela e cozinhe as fatias de maçã por uns 2 minutos, mexendo de vez em quando, até que fiquem coradas. Distribua as fatias de maçã sobre o frango, prove e, se necessário, ajuste o tempero. Rende seis porções.

Frango com molho de cogumelos

4 pedaços de frango
1/2 colher de chá de manjerona ou alecrim fresco picado
1 colher de chá de sal marinho
Uma pitada de pimenta-do-reino preta moída na hora
1 colher (chá) de cebolinha verde picada
1/3 de xícara de vinagre de maçã
3 colheres (sopa) de margarina
1/4 de xícara de farinha de trigo integral
1 xícara e um quarto de leite desnatado
1 xícara e meia de cogumelos fatiados

Modo de fazer: Coloque o frango num pirex fundo numa única camada. Distribua por cima a manjerona ou alecrim e a cebolinha, polvilhe sal e pimenta-do-reino a gosto e regue com o vinagre de maçã. Salpique pedacinhos de margarina. Corte os cogumelos em pedaços pequenos. Tampe ou cubra com papel-alumínio. Leve ao forno preaquecido em 180°C por 45 minutos. Derreta o restante da margarina numa panela e adicione a farinha. Cozinhe, mexendo sem parar, por 1 minuto. Junte o leite aos poucos, mexendo sempre, e deixe levantar fervura. Acrescente o suco que saiu do frango e os cogumelos. Cozinhe em fogo baixo por 2 minutos. Prove e, se necessário, ajuste o tempero. Rende quatro porções.

Frango com ameixas

2/3 de xícara de ameixas secas de molho em um pouco de água
5 cebolas, 1 em rodelas e 4 cortadas em quatro
1 folha de louro
6 grãos de pimenta-do-reino
1 xícara de vinagre de maçã
4 pedaços de frango
2 colheres (sopa) de azeite de oliva
2 colheres (sopa) de margarina
1/4 de xícara de farinha de trigo integral
2/3 de xícara de caldo de galinha
1/2 colher de chá de sal marinho
Pimenta-do-reino preta moída na hora

Modo de fazer: Ponha as ameixas numa panela junto com a cebola fatiada, o louro, os grãos de pimenta-do-reino e o vinagre de maçã. Deixe ferver lentamente e desligue o fogo. Depois de frio, junte os pedaços de frango. Transfira tudo para uma tigela, tampe e deixe marinar de um dia para o outro ou por várias horas na geladeira. Coe o líquido da marinada e reserve. Retire o caroço das ameixas. Refogue rapidamente o frango em óleo e margarina até dourar bem. Retire os pedaços de frango da panela. Misture a farinha na gordura que sobrou e adicione aos poucos o líquido da marinada, mexendo sem parar. Deixe ferver, mexendo sempre. Acrescente o caldo de galinha, tempere com sal e pimenta-do-reino e misture bem. Coloque de volta os pedaços de frango junto com as cebolas cortadas em quatro e as ameixas. Tampe e cozinhe em fogo brando por 45 minutos ou até que o frango esteja macio. Prove e, se necessário, ajuste o tempero. Rende quatro porções.

Torta de frango com cogumelos

1 frango inteiro
2 cebolas
2 cenouras cortadas em pedaços grandes
6 grãos de pimenta-do-reino preta
Cheiro-verde
Sal marinho
1/4 de xícara de margarina
2 xícaras de cogumelos em fatias finas
1/4 de xícara de farinha de trigo integral
1/2 xícara de iogurte natural
1 colher (chá) de estragão fresco picado
Pimenta-do-reino preta moída na hora

PARA A MASSA DA COBERTURA

250 g de massa pronta
1 ovo batido

Modo de fazer: Em uma panela grande, coloque o frango, uma cebola cortada em quatro, as cenouras, os grãos de pimenta-do-reino, o cheiro-verde e sal a gosto. Adicione água até cobrir o frango e deixe ferver. Abaixe o fogo, tampe e cozinhe em fogo baixo por uma hora ou até que o frango esteja macio. Tire a panela do fogo e deixe o frango esfriar no próprio caldo. Retire o frango da panela, coe o líquido e reserve. Desosse o frango e corte a carne em pedaços pequenos, descartando toda a pele. Corte a outra cebola em pedacinhos e refogue-a em margarina até que fique macia e corada. Coloque os cogumelos e refogue por mais 2 minutos. Polvilhe a farinha de trigo e cozinhe por 1 minuto. Misture 2/3 de xícara do caldo reservado com o iogurte natural. Junte aos ingredientes da panela, mexendo sempre até atingir o ponto de fervura. Cozinhe em fogo brando por 2 minutos, ainda mexendo sem parar, até o caldo engrossar. Tire a panela do fogo, acrescente o estragão e tempere a gosto com sal e pimenta-do-reino. Coloque os pedaços de frango no molho e transfira para uma fôrma de torta. Abra a massa numa superfície enfarinhada. Umedeça as bordas. Cubra o recheio com a massa, pressionando as laterais com firmeza para selar. Faça alguns cortes na massa para deixar sair o vapor. Corte as bordas com uma faca afiada e use as aparas para decorar a torta. Pincele a massa com ovo batido. Ponha a fôrma de torta sobre uma assadeira e asse em forno preaquecido a 200°C por 30 minutos ou até que a torta esteja bem aquecida e borbulhando e a massa esteja corada. Sirva quente com uma verdura.

Frango ensopado com cogumelos

1,5 kg de franco cortado em pedaços
2 colheres de sopa de margarina
350 g de cebolas picadas
4 talos de salsão cortados em pedaços
1/4 de xícara de farinha de trigo integral
350 ml de caldo de galinha
Cheiro-verde sem picar
Sal marinho
Pimenta-do-reino preta moída na hora
1 xícara de cogumelos

Modo de fazer: Frite os pedaços de frango na margarina até que fiquem dourados por. igual e depois transfira para um pirex com tampa. Refogue a cebola e o salsão na gordura que sobrou na panela por uns 10 minutos, junte a farinha de trigo e deixe mais um minuto no fogo. Adicione o caldo de galinha aos poucos e deixe levantar fervura, mexendo sem parar. Acrescente o cheiro-verde, tempere com sal e pimenta-do-reino a gosto e despeje o molho sobre o frango. Tampe e leve ao forno aquecido em 180°C por 45 minutos. Junte os cogumelos e cozinhe por mais 15 minutos. Remova o cheiro-verde. Prove e, se necessário, ajuste o tempero. Sirva com arroz, ervilhas e milho verde. Rende quatro porções.

SOBREMESAS

Torta de maçã crocante

1/2 kg de maçãs ácidas descascadas, sem miolo e cortadas em fatias finas
1/2 ou 2/3 de xícara de açúcar mascavo

PARA A COBERTURA CROCANTE

1 xícara e meia de farinha de trigo integral com fermento
1/3 de xícara de margarina
1/3 de xícara de açúcar mascavo
Uma pitada de canela em pó

Modo de fazer: Coloque a maça fatiada num prato de torta, montando camadas entremeadas com açúcar a gosto. Para fazer a cobertura, peneire a farinha de trigo numa tigela, junte a manteiga e misture com os dedos até ficar com um aspecto de farofa grossa. Adicione o açúcar e a canela. Salpique a farofa por igual sobre a fruta, alise a superfície e pressione ligeiramente. Asse em forno preaquecido a 210°C por 20 minutos, reduza a temperatura para moderada, 190°C, e asse por mais 45 minutos. Rende quatro porções.

Pudim de frutas secas

1 xícara de farinha de trigo integral com fermento
Uma pitada de sal marinho
1 colher (chá) de fermento em pó
1/2 colher (chá) de condimentos mistos
1/2 colher (chá) de canela em pó
2/3 de xícara de açúcar demerara
2 xícaras de pão ralado sem torrar
1/3 de xícara de passas de corinto
1/2 xícara de uvas passas pretas
1/2 xícara de uvas passas brancas sem sementes
2 ovos médios batidos
1/2 xícara de leite desnatado

Modo de fazer: Misture a farinha peneirada, o sal, o fermento, a mistura de condimentos, a canela, o açúcar, o pão ralado e as frutas secas. Acrescente os ovos batidos e leite suficiente para obter uma mistura consistente. Despeje numa fôrma de pudim untada com margarina. Cubra com papel-alumínio, fazendo uma prega no meio para permitir que o pudim cresça. Amarre o papel alumínio em volta da fôrma com um cordão. Coloque a fôrma numa panela com água fervente até 1/3 da altura da fôrma e cozinhe por duas horas e meia, repondo água fervente quando necessário. Rende de quatro a seis porções.

Flã moreno de amêndoas

PARA A MASSA

2 xícaras de farinha de trigo integral
1/2 colher (chá) de sal marinho
1/2 xícara de margarina
1 a 2 colheres (sopa) de água

PARA O RECHEIO

1/2 xícara de margarina
2/3 de xícara de açúcar demerara
1 ovo grande batido
1/2 xícara de amêndoas sem pele picadinhas
1 xícara de farinha de trigo integral com fermento peneirada com 1/2 colher (chá) de canela
1 colher (sopa) de leite desnatado
1 colher (sopa) de uvas passas brancas sem sementes

Modo de fazer: Para fazer a massa, peneire a farinha e o sal numa tigela, junte a margarina e misture até obter uma consistência de farofa grossa. Adicione água suficiente para fazer uma massa firme. Sove a massa levemente numa superfície enfarinhada por 1 minuto. Enrole a massa em papel-alumínio e leve à geladeira por 30 minutos. Abra a massa numa superfície enfarinhada e forre uma fôrma de 20 cm de diâmetro. Para fazer o recheio, bata a margarina com o açúcar até obter uma massa leve e fofa. Junte os ovos e as amêndoas aos poucos e acrescente a farinha com canela, alternadamente, com o leite desnatado. Adicione as uvas passas brancas sem sementes e transfira a mistura para a fôrma com a massa, alisando a superfície com uma faca. Leve ao forno preaquecido a 210°C por 15 minutos, diminua a temperatura para moderada, 190°C, e asse por mais 25 minutos ou até corar. Retire o flã do forno e deixe esfriar.

Panquecas de maçã e canela

PARA A MASSA

1 xícara de farinha de trigo integral
Uma pitada de sal marinho
1 ovo
1 colher (sopa) de óleo de milho
1 xícara e um quarto de leite desnatado
Óleo de milho para fritar

PARA O RECHEIO

4 maçãs ácidas grandes descascadas, sem miolo e fatiadas
Uma pitada de canela em pó
1 xícara de açúcar mascavo
1/2 xícara de margarina

Modo de fazer: Para preparar a massa, peneire a farinha de trigo e o sal numa tigela. Junte o ovo, o óleo de milho e leite desnatado suficiente para formar uma massa mais ou menos rala. Coloque 2 colheres de sopa de massa no centro da frigideira e gire-a para espalhar a massa. Cozinhe por 1 minuto. Vire a panqueca e deixe mais 1 minuto. Tire a panqueca e faça mais nove ou dez do mesmo modo. Deixe esfriar. Para o recheio, coloque numa panela as maçãs, a canela, o açúcar e a margarina e cozinhe em fogo baixo por uns 20 minutos ou até que a maçã esteja macia, mexendo de vez em quando. Recheie os discos de panqueca e frite os rolinhos prontos na margarina em chama moderada até dourarem por igual. Arrume as panquecas numa travessa e polvilhe com açúcar e canela. Sirva com sorvete *light*. Rende cinco ou seis porções.

Gelatina de maçã e amêndoa

2 maçãs doces grandes
250 g de amêndoas moídas
22 g de gelatina
250 ml de água
250 ml de suco de maçã
1 colher (sopa) de mel grosso

Modo de fazer: Rale as maçãs e misture com as amêndoas. Dissolva a gelatina em 250 ml de água e acrescente o mel e o suco de maçã. Coloque a mistura de maçã numa forma grande e despeje o líquido por cima. Deixe endurecer, vire e sirva com sorvete *light*.

Pão-de-ló simples

120 g de farinha de trigo integral peneirada
120 g de açúcar mascavo
90 g de margarina
1 colher (sopa) de leite
2 ovos

Modo de fazer: Bata a margarina com o açúcar até formar uma mistura cremosa. Adicione um ovo de cada vez e bata bem. Junte a farinha de trigo peneirada. Se necessário, adicione leite; a massa deve ficar com uma consistência bem firme. Divida em fôrmas de 18 cm de diâmetro e asse em forno aquecido a 180°C por 15 a 20 minutos. Vire no prato de bolo e deixe esfriar, ou sirva quente com creme de baunilha preparado com leite desnatado.

Para arrematar uma refeição saudável acho que não há nada melhor que uma salada de frutas frescas (exceto frutas cítricas ou ácidas) com uma bola de sorvete de creme por cima.

6 Novos produtos naturais

Nos últimos anos, surgiram inúmeros produtos naturais para artrite. Cada um desses produtos, muito provavelmente, ajudou a aliviar os sintomas da artrite de algumas pessoas — graças a Deus estão sendo realizadas pesquisas e as suas descobertas estão sendo apresentadas ao público em geral. As empresas farmacêuticas dispõem de grandes recursos financeiros para desenvolver novos medicamentos, o que já não acontece com as empresas e pessoas físicas que, a partir de suas próprias descobertas, estão tentando fornecer provas da ajuda que as substâncias naturais podem dar aos portadores de artrite. Entretanto, alguns desses produtos são caros, as propriedades a eles atribuídas às vezes são duvidosas e a fonte de onde foram extraídos nem sempre é conhecida; eles podem interagir com outras medicações e talvez não seja bom tomá-los se você tiver outras enfermidades. Antes de tomar qualquer remédio natural, é bom verificar se ele é adequado especificamente para o seu caso, em primeiro lugar perguntando ao seu médico. Se o médico não tiver informações suficientes sobre o produto para aconselhá-lo, procure um terapeuta nutricional, um fitoterapeuta ou homeopata.

Se você sente muita dor, fica tentado a tomar qualquer coisa que possa aliviar a dor, apesar dessas recomendações. Tentarei esclarecer ao longo deste capítulo se a substância deve ou não ser incorporada ao programa de remoção de ácido descrito neste livro. Caso você decida adotar este programa, algumas das substâncias a seguir são desnecessárias, embora possam ser ótimos suplementos.

As gestantes não devem tomar suplementos, exceto sob orientação médica. Este conselho é muito importante também se você tiver problemas de saúde como diabetes ou se estiver tomando algum medicamento — para qualquer doença —, pois pode haver algum tipo de interação medicamentosa que não foi abordada abaixo.

Ácido alfalipóico

O ácido alfalipóico é um antioxidante. Não há necessidade de tomá-lo como um suplemento extra. Entretanto, é encontrado no fígado do carneiro, que deve ser incluído na sua alimentação.

SAMe (S-adenosil-metionina)

Presente no organismo, a SAMe inativa as toxinas e exerce um efeito antidepressivo. Apresenta também propriedades antiinflamatórias, analgésicas e cicatrizantes. É um medicamento relativamente novo, e as pesquisas realizadas até agora não são suficientes para que possa ser determinada uma dose segura neste estágio. Eu não recomendaria o seu uso como suplemento.

Gengibre

A raiz de gengibre tem propriedades antiinflamatórias e analgésicas. Além disso, auxilia no caso de excesso de muco. Não são necessários suplementos, mas o gengibre pode ser usado nas receitas culinárias, no chá de gengibre (mergulhe um pedaço de gengibre em água fervente por alguns minutos e tome a água), biscoitos de gengibre e bolo de gengibre — desde que sejam usados ingredientes saudáveis (ou seja, farinha de trigo integral, leite desnatado, melaço, etc.)

Casca do salgueiro branco

Trata-se de uma planta com propriedades antiinflamatórias e analgésicas, que constituiu o ponto de partida para a aspirina. A casca do salgueiro branco é mais segura que a aspirina no estômago, e pode ser um ótimo sedativo da dor. Pode ser acrescentada ao tratamento de Margaret Hills.

Óleos de cajepute (Melaleuca leucodendra), cânfora, eucalipto, abeto comum (Abies alba), pinho ponderosa (Pinus ponderosa) e alecrim

Todos esses óleos podem aliviar os sintomas da artrite. Antes de comprar, verifique com um aromaterapeuta ou com um massagista se são apropriados para você.

Capsaicina (caiena)

Encontrada numa pomada usada para alívio da dor. Pode ser utilizada também na culinária.

Boswelia serrata, unha-de-gato (Uncaria tomentosa), garra-do-diabo (Harpagophytum procumbens), cauda-de-cavalo (Equisetum arvense) e cúrcuma

Todas essas plantas têm ação antiinflamatória. Seria melhor consultar um fitoterapeuta antes de usar.

Agárico (Viscum album)

Injeções de agárico — não o administrado via oral — aliviam a inflamação ao redor das articulações, mas eu não recomendaria nenhum procedimento tão invasivo.

Glicosamina

A glicosamina é encontrada naturalmente no organismo. Para suplementos, é produzida a partir de conchas de mariscos. Pode ser tomada para aliviar a dor. Não tome se for alérgico a iodo ou marisco, tampouco se tiver problemas relacionados com os níveis de açúcar no sangue, como diabetes ou hipoglicemia.

Colágeno

O colágeno é extraído de ossos e peles de animais. Em vez de tomar em forma de suplemento, consuma bastante proteína na alimentação.

Condroitina

A condroitina é encontrada naturalmente no organismo. Quando é manufaturada, em geral é de fonte animal. É formulada com freqüência com glicosamina. Verifique a fonte de condroitina — a maioria é extraída de traquéia bovina; portanto, certifique-se de que tenha sido preparada a partir de gado sadio. Uma fonte alternativa é a cartilagem de tubarão, que costuma ser mais cara.

Cobre

Os portadores de artrite reumatóide podem ter deficiência de ferro. Entretanto, como o cobre está presente em alimentos recomendados, como no mel, no melaço, nas lentilhas e nos cogumelos, provavelmente é desnecessário recorrer ao auxílio de suplementos. Os diabéticos, que não podem consumir mel nem melaço, podem se beneficiar de uma pequena ingestão regular. Recomendo o uso de pulseiras de cobre.

Alho, licopeno, glicosinolatos, catequinas e quercetina

Essas plantas e extratos de plantas são bons antioxidantes que ajudam a neutralizar as toxinas. Em geral, não há necessidade de suplementação, mas é preciso incluir brócolis, alho, cebola, maçã e chá verde na alimentação, excelentes fontes desses antioxidantes.

Boro

O boro é um mineral que exerce um bom efeito sobre o metabolismo do cálcio. Não há necessidade de suplementação, desde que se consuma alfafa e algas pardas (*kelps*), fontes ricas em boro.

MSM (metil-sulfonil-metano)

O MSM é produzido no organismo a partir de aminoácidos que contêm enxofre. Não há necessidade de suplementação, contanto que se consuma leite desnatado, peixe, verduras e legumes frescos, e também proteína isolada da soja diariamente, como a encontrada na "Proteína Margaret Hills".

Enxofre

Veja MSM.

Zinco

O zinco é vital para muitas funções enzimáticas do organismo. Quase todos os pacientes artríticos têm deficiência desse mineral. É útil como suplemento quando tomado com outros minerais e vitaminas, mas não se deve fazer uso prolongado do suplemento de zinco sem supervisão médica.

Mexilhão do lábio verde (Perna canaliculus)

O mexilhão do lábio verde tem propriedades analgésicas e antiinflamatórias, mas não há necessidade de recorrer à suplementação quando se come peixe e, de vez em quando, mexilhões.

Cogumelos reishi (Ganoderma lucidum)

O cogumelo reishi, ou cogumelo-rei, tem sido usado na China há milhares de anos para aliviar os sintomas da artrite, entre outros problemas. Não há necessidade de suplementação quando se inclui cogumelos na alimentação.

DLPA (DL fenilalanina)

A DLPA reduz a dor crônica ao inibir uma enzima que degrada os analgésicos naturais do organismo. Pode ser utilíssima para o alívio da dor na forma de suplemento, mas não quando se tem hipertensão arterial ou se está tomando certos medicamentos — portanto, consulte o médico.

SOD (superóxido-dismutase)

O organismo produz esse antioxidante, e não há necessidade de consumi-lo como suplemento. É encontrado nos alimentos — não deixe de comer brócolis, couve-de-bruxelas, repolho, outras verduras e trigo.

DMSO (Dimetil sulfóxido)

O DMSO é um produto residual da indústria de papel e que tem sido usado como solvente comercial. Consta que foi o primeiro antiinflamatório não-esteróide descoberto. No entanto, os efeitos colaterais incluem um odor que emana do paciente e possíveis dores de cabeça. Assim como acontece com qualquer fármaco, não é recomendado.

CMO (cerasomal-cis-9-cetilmiristoleato)
Trata-se de um subproduto da carne bovina (sebo bovino) que age como agente antiinflamatório. A carne de vaca e seus subprodutos devem ser evitados durante o programa de remoção de ácidos para a artrite.

DHEA (desidroepiandrosterona)
O DHEA é um hormônio controverso que pode ser encontrado na forma de suplemento. É facilmente convertido em outros hormônios, sobretudo estrogênio e testosterona. Não recomendo o seu uso.

Betaína, bromelina, papaína, pepsina, tripsina, renina, pancreatina e quimotripsina
Essas são enzimas que auxiliam a digestão e a atividade antiinflamatória. Não há necessidade de suplementação, porque o vinagre de maçã exerce essa função, assim como o mel.

A forma mais eficaz de combater a artrite é seguir o programa apresentado neste livro — uma dieta isenta de ácidos, o tratamento de remoção de ácidos com vinagre de maçã, os banhos com sais de Epson e os suplementos nutricionais apropriados. Entre em contato com a clínica sempre que precisar de esclarecimentos. Isso pode ser inestimável se você tiver outros problemas de saúde ou, por qualquer razão, estiver tomando algum medicamento.

Dificilmente haverá algum atalho para o alívio da artrite que proporcione benefícios no longo prazo. Você pode empatar muito tempo e dinheiro tomando os suplementos acima, quando uma abordagem simples e direta é muito mais eficaz e vantajosa para a sua saúde e o seu bem-estar geral.

7

A clínica

O pensamento positivo é a essência de toda cura. Muitos pacientes dizem que chegaram à clínica aflitos e angustiados — e saíram cheios de esperança. Esperança de que se sentirão melhor num curto espaço de tempo e de que, no final, ficarão curados da artrite. Fé em si mesmo é a essência de uma vida prazerosa — quando se tem fé, não há lugar para preocupação. A preocupação é a ruína de todos os que não conseguem combatê-la — por isso eu digo: não faça isso. Pelo contrário, adote uma atitude mental positiva e, quando despertar todas as manhãs, agradeça a Deus por permitir que você tenha despertado e por lhe dar a oportunidade de desfrutar mais um dia lindo que Ele criou especialmente para você; pense nas outras pessoas e em como você pode ajudá-las. É surpreendente a sensação de bem-estar e a satisfação proporcionada por pensamentos, palavras ou gestos afetuosos em relação ao próximo.

Pense sempre em coisas agradáveis e alegres quando colocar a cabeça no travesseiro, porque é durante o sono que você forma o seu caráter e adquire força de vontade. Se o seu pensamento dominante ao adormecer for alegre e feliz, você despertará alegre, forte e pronto para começar outro dia. Sonhe alto, não se contente com pouco e, acima de tudo, mantenha a tranqüilidade. Esqueça o passado; ele ficou para trás — olhe para um futuro brilhante, feliz e vitorioso. O importante é o que você consegue fazer agora, e você será capaz de grandes realizações se der o máximo de si.

Não tenha medo, não fique apreensivo, não preveja o mal, pois não há nada a temer, não há motivos para apreensão nem preocupação. Levante a cabeça, olhe o mundo de frente, trave o bom combate e a vitória será sua.

Descobri que a maioria das pessoas que atendo na minha clínica tem pensamento negativo, e estou plenamente convencida de que isso as destrói. "Não há cura — você precisa aprender a conviver com a artrite" — que pensamento negativo, e que sentença de morte! Recebi essa sentença, e, desde então, acredito que se não tivesse marido e uma família grande para cuidar, eu não teria tido a força de vontade para travar o bom combate e me livrar daquele corpo dolorido decorrente de uma alimentação errada. Mas agradeço a Deus por ter me dado tantos motivos para explorar todos os canais que conduzem à saúde e a uma vida atribulada e livre de dor.

A jovem K, uma estudante de 18 anos, foi à minha clínica. Durante a conversa, perguntei o que ela pretendia fazer quando terminasse os estudos. Ela disse: "Eu queria ser química, enfermeira Hills, mas eles [os médicos] disseram que não podem fazer nada pela minha artrite; por isso eu acho que o meu destino é acabar solteirona e confinada a uma cadeira de rodas." Levou muito tempo e muitas consultas para que eu pudesse injetar pensamento positivo na mente dessa jovem. Mas hoje ela reduziu seus medicamentos ao mínimo, e há poucas semanas recebi um telefonema animador do irmão dela, dizendo que ela estava jogando *badminton**. Antes de me procurar, ela tinha enormes dificuldades de se vestir e sentia muita dor nos pés quando caminhava.

A senhora T, uma secretária aposentada, foi diagnosticada como portadora de artrite nos cotovelos e nos joelhos alguns meses antes de se aposentar. O médico disse que não havia cura. Ela me telefonou desesperada, dizendo que não pretendia passar os anos de aposentadoria trancada dentro de casa, e perguntou se eu podia fazer alguma coisa. Marquei sua consulta para o dia 23 de junho; no dia 10 de agosto ela estava se sentindo muito melhor; em 14 de outubro, estava sentindo pouquíssima dor e os inchaços estavam desaparecendo. Em 10 de dezembro não havia dor nem inchaço, e ela era a saúde em pessoa. No dia 4 de maio de 1984, seu médico constatou que ela estava curada da artrite.

O senhor T, de 60 anos de idade, sofria de grave artrite nos dois joelhos. Ele foi à clínica no dia 21 de outubro de 1983, andando com dificuldade, apoiado a uma bengala. Estava tomando dois medicamentos para artrite e tinha hipertensão. O senhor T seguiu o meu tratamento religiosamente — e no dia 6 de fevereiro não sentia mais nenhum desconforto e tinha voltado a trabalhar em tempo integral. Essa completa transformação se deu num prazo de menos de quatro meses — ele também não conseguia acreditar na sua sorte.

---

* Jogo de quadra em que dois adversários ou duas duplas, munidos de raquetes e separados por uma rede, voleiam alternadamente uma espécie de peteca. (N. do T.)

Teve o caso da senhora W — que sofria terrivelmente de artrite havia sete anos. Suas mãos estavam bastante deformadas, e ela tinha perdido toda a força. A senhora W procurou a clínica no dia 6 de junho de 1983. Ela seguiu rigorosamente o tratamento e, em outubro, tinha recuperado o uso das mãos; sua força tinha voltado, a ponto de conseguir abrir uma lata de ração para cães com um abridor, sendo que antes não conseguia nem mesmo segurar a lata.

A senhora C, uma professora aposentada, procurou-me no dia 11 de novembro de 1983. Na época, ela tinha 70 anos de idade, e sofria de artrite havia doze anos. À medida que o quadro se agravava, ela se tornava uma pessoa de convivência cada vez mais difícil. Estava muito acima do peso e tomava remédios. Sua segunda consulta foi no dia 11 de janeiro de 1984. Ela tinha perdido seis quilos e meio com a dieta que prescrevi, o que, por sua vez, aliviou a pressão sobre seus doloridos joelhos; ela estava se sentindo bem como há anos não se sentia, e transmitia um ar de felicidade e segurança. Agora ela já perdeu mais um quilo e meio e suas dores estão cada vez mais brandas. A senhora C está confiante de que ficará boa, e com essa atitude de confiança com o decorrer do tempo ela só tem a melhorar.

Fico amiga dos meus pacientes, eu me interesso por cada um deles. Para tratar o paciente da forma adequada é preciso conhecer seu estilo de vida, suas preocupações e frustrações, porque esses aspectos desempenham um papel importante na atitude adotada em relação à doença.

Muitas vezes o paciente vem à minha clínica pouco tempo depois de enviuvar, e diz que está tentando se acostumar à solidão. Diz que a artrite piorou muito depois da morte do cônjuge; acha que vai terminar seus dias sozinho numa cadeira de rodas e projeta um quadro de desesperança. Tento dizer a esse paciente que não há nada a temer na vida, exceto o medo. Peço que se livre do medo e que tenha esperança; não apenas uma vaga esperança na mente, mas uma esperança pulsante como uma força vital no coração. Sempre digo que a morte não separa, que não há necessidade de temer a separação porque nada pode separar duas almas que se amam. É reconfortante perceber que, por maiores que sejam os percalços da vida, quando aceitamos a nossa situação com humildade, seguimos em frente com uma nova chama de esperança e sabemos que, no final, tudo terminará bem.

De modo geral, quando alguém adoece alguma coisa está faltando, e há um desequilíbrio na alma do paciente. Às vezes é muito difícil determinar a razão desse desequilíbrio; outras vezes, ela jamais é determinada. Mas na maioria das vezes consigo ganhar a confiança do paciente e, pouco a pouco, a história se desenrola e gradualmente consigo enxergar a razão, ou as razões, da sua saúde precária.

Eu acredito que posso ajudar meus pacientes a se ajudarem, e, como todo agente de cura sabe, a verdadeira cura começa com o espírito. Ao exercitar o pensamento puro, um estilo de vida puro e um modo de agir puro, o espírito experimenta uma sensação de bem-estar jamais sentida e começa a viver em harmonia consigo mesmo. As dores, os desconfortos e as frustrações ficam para trás, sendo substituídos por uma sensação de fé em si próprio, além de esperança e generosidade em relação ao próximo. O poder do pensamento positivo gera beleza e harmonia na vida do paciente e, conseqüentemente, idéias construtivas.

Recebo freqüentemente cartas e telefonemas de agradecimento; é animador saber que mais um paciente está sem dor e não precisa mais dos meus cuidados. Dou graças a Deus e sinto-me bastante grata por ter novamente contribuído para aliviar a dor de outra pessoa e ser capaz de conduzi-la a uma vida útil, equilibrada e indolor.

Talvez o trecho da carta abaixo incentive o leitor a não desanimar e a buscar ajuda dentro de si mesmo, como fez esta paciente:

> Sinto-me imensamente grata pela sua ajuda, por permitir que eu voltasse a andar como um ser humano. Eu a procurei em junho de 1983, em frangalhos e aos prantos — absolutamente desesperada —, e a senhora mudou tudo isso. Segui religiosamente o seu tratamento e a sua dieta: hoje eu decoro a casa, cuido do jardim e aparo o pêlo do meu poodle. Voltei à vida; não estou mais "num beco sem saída", como eu certamente achava que estava.

A paciente acima foi levada à minha clínica no dia 18 de junho de 1983. Como não conseguia sentar-se numa cadeira, há cinco meses permanecia deitada de costas sob cuidados médicos. Estava confusa e tinha perdido muito peso. Ela teve de se deitar no chão, sobre um acolchoado, para que eu pudesse examiná-la. Ajoelhei-me ao seu lado, coloquei as mãos sobre suas costas e perguntei se era ali que estava o problema. Ela respondeu: "Sim, é aí mesmo. Por favor, não tire as mãos, elas estão tão quentinhas." Percebi que minhas mãos estavam sendo usadas para levar calor e conforto à paciente e rezei para que a dor desaparecesse. Quando eu me levantei, depois de quinze minutos, a dor havia desaparecido e a paciente se levantou, ereta, pela primeira vez em cinco meses. Com lágrimas de alegria escorrendo pelo rosto, ela falou: "Estou curada." Ela foi andando até o carro. Eu lhe telefonei na segunda-feira, dia 20 de junho, às 9 horas da manhã, para confirmar a cura: ela me disse que se sentia esplêndida desde sábado. Tinha preparado o chá da manhã e se movimentado por toda a casa. Há onze meses essa paciente segue o tratamento e a dieta que prescrevi; ela engordou e está fazendo tudo o que queria fazer — ou, segundo suas palavras, "voltou à vida". Não estou dizendo que sou uma agente de cura espiritual, embora creia piamente na cura espiritual — mas alguma coisa aconteceu naquela tarde de sábado, em junho de 1983, pela qual essa paciente e eu nunca deixaremos de agradecer.

A senhora B sofria de artrite há anos, e estava ficando cada vez pior. Sua primeira consulta foi no dia 28 de janeiro de 1984. Ela estava muito deprimida. Na segunda consulta, em 15 de março de 1984, estava com uma aparência totalmente diferente. Disse que se "sentia maravilhosamente bem" e que podia subir e descer escadas com muito mais facilidade. Disse também que não conseguia acreditar na sua melhora.

O senhor M veio me procurar em agosto de 1982. Ele estava com 34 anos e tinha quatro filhos. Havia sido despedido do emprego, e sua esposa não sabia mais o que fazer com o marido doente e quatro filhos para cuidar. Ele começou a fazer a dieta e o tratamento que prescrevi. Em março do ano seguinte, escreveu-me contando que tinha tirado algumas radiografias e feito exames de sangue, e que estava curado da artrite. Ele havia engordado um pouco, tinha recuperado o emprego e recebido uma promoção, tudo isso num prazo de seis meses. Todos nós sabemos que nada neste mundo acontece por acaso, e eu sempre penso que o fato de eu ter sofrido as dores da artrite durante dezesseis anos foi para que eu pudesse compreender os meus pacientes e ter consciência da intensidade das suas dores.

No dia 12 de junho de 1982, o *Coventry Evening Telegraph* publicou o seguinte artigo: "A artrite não tem cura. Ninguém sabe a causa dessa doença. O Coventry Council está gastando X em pesquisas e espera que em três anos possa descobrir a cura." Não preciso dizer que eles ainda não descobriram a cura e, na minha opinião, nunca descobrirão enquanto estiverem procurando a resposta nos medicamentos. Como eu já afirmei e provei, a cura reside nos esforços do próprio paciente no sentido de retirar o ácido úrico do organismo, adotar uma alimentação isenta de ácidos e tomar as vitaminas e os sais minerais necessários para a recuperação da saúde.

Quando li o artigo, meu impulso foi pegar uma caneta e passar para o papel a minha experiência. Ao receber a minha carta, eles telefonaram pedindo para tirar uma fotografia minha, que permiti com relutância — não sou particularmente orgulhosa da minha aparência, pois os oito partos e a passagem dos anos deixaram suas marcas. Entretanto, fui devidamente fotografada e minha história foi publicada no jornal. E então começou o dilema. O telefone não parava de tocar. Assim que eu atendia uma ligação, havia outro portador de artrite na linha. Eu tinha de tirar o telefone do gancho para poder trabalhar.

Nas duas últimas semanas daquele mês de junho, recebi mais de 4.000 cartas; o carteiro perguntou se podia deixar os maços de correspondência na soleira da porta. Mandei imprimir folhetos com o tratamento e enviei a todas as pessoas que escreveram; entre junho e setembro, enviei folhetos de tratamento para pessoas de praticamente todos os países. Eu dava consultas em casa, cobrando cinco libras a hora, o que ajudou a cobrir as despesas com a impressão dos folhetos (o que sobrou, doei a instituições de caridade). E assim nasceu a minha clínica, que desde então não parou de crescer.

Nos últimos seis meses, percebi que o número de pacientes artríticos é tão grande que seria impossível atender a todos com consultas individuais na clínica. Por esse motivo, atualmente faço reservas em hotéis nos finais de semana, quando a clínica está fechada, e viajo por toda a parte central da Inglaterra ensinando as pessoas a se livrarem de suas dores de uma forma natural. Às vezes, o número de pessoas que comparece para ouvir as palestras é tão grande que, assim que termino uma, tenho de começar outra; numa ocasião, as pessoas ficaram telefonando para o hotel para saber se haveria uma terceira palestra.

A reportagem que costuma sair depois das palestras é esta:

> "Chuva" de telefonemas para a palestra sobre artrite — portadores de artrite em busca de cura sitiaram um hotel nas proximidades de Stourtbridge, onde foi realizada uma palestra sobre métodos naturais de combater a dolorosa doença. A enfermeira que fez a palestra pede para as pessoas entrarem em contato com ela em vez de bombardear o Hotel Stewponey, em Stourton, com telefonemas. No sábado, mais de 200 pessoas compareceram à palestra da enfermeira Margaret Hills; foi preciso uma sessão extra para atender às dezenas de pessoas que tiveram de ser dispensadas.

Como a palestra foi anunciada pela imprensa nas cidades de Wolverhampton e Stourbridge, centenas de pessoas telefonaram para o hotel pedindo mais informações sobre o meu tratamento para artrite. O gerente do hotel me disse: "A reação foi impressionante — o telefone não parava de tocar. Nunca imaginei que tanta gente se preocupasse com artrite. Devemos ter recebido mais de mil telefonemas desde que saiu o anúncio da palestra."

Os jornais que publicam minha palestra estão relatando a mesma coisa em várias partes da Inglaterra. Isso me fez perceber que o número de portadores de artrite é astronômico. Essa é uma doença disseminada por todos os países do mundo.

Decidi, então, instituir um tratamento por correspondência, pois o sofrimento dos artríticos é muito semelhante. O sistema parece estar funcionando muitíssimo bem; o tratamento holístico é realizado até onde é possível.

Espero que a publicação deste livro ajude a aliviar pelo menos um pouco de dor e sofrimento, e leve esperança a todas as pessoas que ouviram estas palavras desoladoras: "Não há cura — você precisa aprender a conviver com a doença." Pois eu digo: tenha esperanças; agora você sabe que existe cura e que não tem de aprender a conviver com a artrite; mas, lembre-se, o segredo é a perseverança.

O tratamento está sendo constantemente revisado, e quem quiser receber as últimas informações deve escrever para o endereço abaixo, enviando também um envelope selado com o próprio endereço.

Margaret Hills Clinic, 1 Oaks Precinct, Caesar Road, Kenilworth, Warwickshire, CV8 1DP.

Espero que o leitor adote uma atitude mental positiva em relação à sua doença e que se lembre do velho adágio: — "Querer é poder."

Obrigada por ler o meu livro; espero que ele lhe seja útil. Agradeço também aos meus inúmeros pacientes que tanto me ajudaram e me ensinaram ao longo desta jornada.

Boa sorte e que Deus o abençoe.